図 B（本文123ページ）

図 A（本文122ページ）

図 D（本文124ページ）

図 C（本文123ページ）

図 E（本文124ページ）

図 G（本文125ページ）

図 F（本文125ページ）

図 J（本文127ページ）

図 I（本文126ページ）

図 H（本文126ページ）

図 K（本文127ページ）

図 L（本文128ページ）

図 M（本文128ページ）

図 N（本文129ページ）

図 O（本文129ページ）

図Ｑ（本文131ページ）

図Ｐ（本文130ページ）

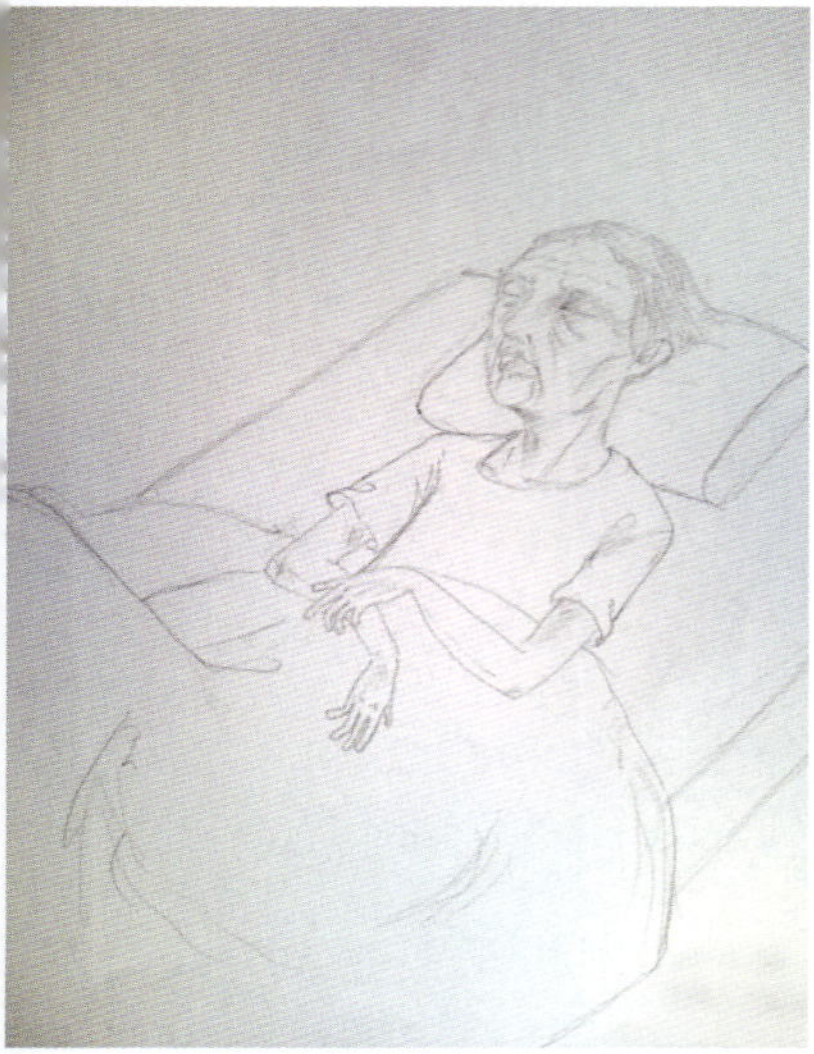

図Ｓ（本文132ページ）

図Ｒ（本文131ページ）

図 T（本文135ページ）

図 U（本文136ページ）

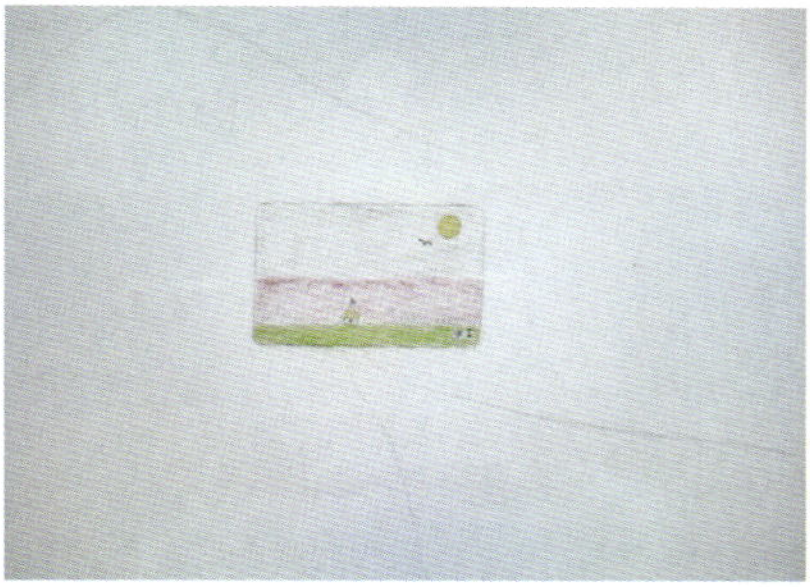

図 W（本文138ページ）

図 V（本文137ページ）

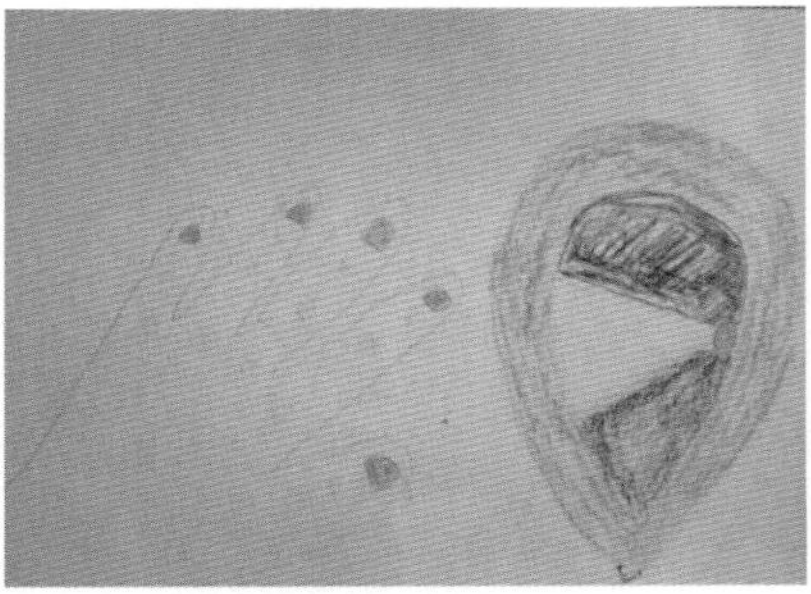

図 X（本文139ページ）

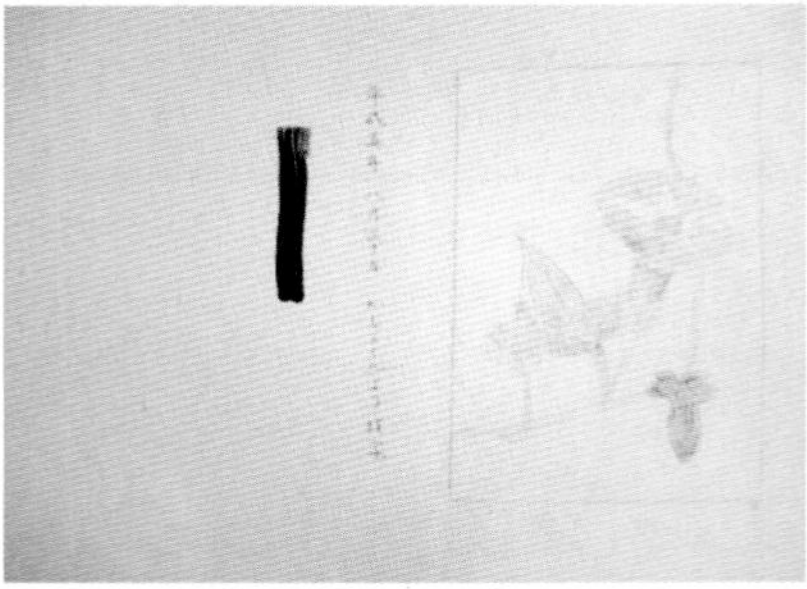

図 Y（本文140ページ）

図 Z（本文140ページ）

スタディ&プラクティス

はじめての
描画療法

杉浦京子・金丸隆太 編

新曜社

Ⅰ　描画療法とは　1

Ⅳ　描画療法の実践　105

装幀＝新曜社デザイン室

Ⅰ　描画療法とは

はじめに

描画療法は絵画療法ともいい、絵画を描くこと（描画）を心理療法の中心としたもので、芸術療法の一つの方法です。言語のみでは面接が進まないクライエントに対して、描画を心理療法に導入することで、言葉にできない気持ちや内的世界（無意識）を表現できるようになります。

描画法の種類は、「自由画」「課題画」「イメージ画」などがあります。主に精神科病院で情緒障害、心身障害の人たちが疾病を克服し健康を回復するための援助手段として芸術的諸活動を応用することから始まりました。これらは個人で描く場合と集団で行われる場合があります。集団で行われる場合は集団描画療法と呼ばれることが多いです。現在では青少年の問題行動や教育現場での問題・一般医療・高齢者施設など広い範囲でさまざまな対象に導入されています。

その適用に際しては、自我状態や症状を判断しクライエントの好みや得手不得手を最大限考慮しながら、どの技法がクライエントに相応しいか見極める必要があります。描画療法を導入する際にラポールを取るにはスクイッグル法などの導入技法を、その適応を調べたいときはバウムテストなどの描画テストを用いるとよいでしょう。（二五～三五頁「描画療法のさまざまな

技法」参照）

筆者が初めて描画を取り入れたのは、一九六〇年代で学生相談の事例でした。大学四年生の男子学生でした。人物画を描いてもらったのですが、画面の半分ほどを占める崖が初めに描かれました。その下は海であり断崖絶壁でした。その崖の上に長い衣をまとった人物が描かれました。おもわず「この人は？」と問いかけると、クライエントは「今から飛び降りるところです」と答えました。言語での面接では就職活動がうまくいかないという主訴であり、自殺に関する話は出ていませんでした。「人物を描いてください。男の人です」という教示のみでこのような絵が描かれたのでした。自殺企図が就職活動という現実的な課題の裏に潜んでいることが、明らかにひしひしと伝わってきて、描画の力を強く感じさせられました。この学生とのカウンセリングは就職課と連携しながら本人に寄り添いつつ続けられ、最終的には就職を決め卒業していきました。

導入と適応

絵を描くこと（描画）は箱庭やコラージュなどと同様に、非言語的なイメージでの表現なのでクライエントにとっては防衛や抵抗が少ないため、比較的たやすく導入できます。ただしイメージを取り扱うため、自我の境界が脆弱な人への導入には慎重にしなければなりません。

イメージとは内界（無意識）の存在の意識化されたものです。無意識は広大無辺のものです（四四～四八頁「イメージの心理学」参照）。クライエントは問題を抱えてセラピストのところにやってきます。その際、少し開けて「心の傷」を見せてくれなければどのような問題なのかわかりません。しかし開けすぎてしまうと、せっかくかさぶたができて治りかかけている傷口が開いて、また血が出て、そこにばい菌がついたら膿になり悪化しかねません。そこで無意識を開くには安全なところでストップする必要があるのです。クライエントはここまでなら出しても構わないという判断をしますが、クライエント－セラピスト関係が樹立していないと危険なことが起こります。すなわち否だったら、否と言える関係性の樹立が必要なのです。関係性の樹立がないところでは「本当はやりたくないのだが、カウンセラーの先生がそう言うのだからやらなければならないのかなあ」とクライエントは承諾しかねません。

描画療法をはじめイメージを扱う芸術療法は「断られたらやらない」が基本となります。クライエントが危険であれば断れる関係性が必要となります。これがいわゆるクライエント－セラピスト関係の樹立です。とくに、①精神科疾患をもったクライエントへの導入は慎重に行うこと、②描画療法を導入し、気持ちの高ぶりや逸脱行動、症状の悪化がみられたときは直ちに中止すること、③主治医との連携のもとに行うこと、が肝要です。

飯森[1]は「統合失調症などの明らかな自我障害がある人、境界例や解離性障害などで自我境界が希薄な人には導入しない。その判定には風景構成法やバウムテストがよい。また導入の際は風景構成法など枠組みの強い安全性のあるものから始めることがよい。危険性が感じられたら、患者を現実に引き戻すために、今の身体の状態や何を食べたかなど現実的話題を持ってセッションを締めくくる。描画によって現実認識が歪んだり、不眠、描画の唐突の中断、対人関係のトラブルなどがあった場合は直ちに中止すること。自由な表現が芸術療法の基本であるが、その一方で、自由に表現することの危険性を忘れてはならない」と述べています。

冒頭に「言語のみでは面接が進まないクライエント」に導入すると書きましたが、この場合二種類あります。言葉が多すぎてなかなか問題の核心に至らないクライエントと、逆になかなか話が進まないクライエントです。言い換えれば言語が多すぎる人、少なすぎる人に導入するとよいでしょう。（一〇七～一〇九頁「適応と導入方法」も参照）

以前に「本を読んでも集中できない。授業も頭に入ってこない。沈んでしまって生きる気がしない」と言う主訴の学生がいて、箱庭を作成してもらいました。彼は箱庭の砂を中央やや右寄りから両端に寄せて、二つの領域に分けました。右下は工事現場、左側では茶色の兵士と青色の兵士が争っています。その背後に緑色の兵士が置いてあります。彼は「中央に深い溝を掘り、世界は二つに分かれている」と説明しました。彼の心の中のより内的な世界とより外的な世界がいずれもが葛藤を抱えていて、統合されていない様子が見てとれました。この学生の内的世界が如実に箱庭に表現され、その病理性が理解できました。その後この学生は精神科医に診察していただき、治療を受けながら並行して面接を進めることができました。

この事例は絵に抵抗があり、箱庭をしてもらいましたが、同じ芸術療法でも、クライエントに応じてふさわしい技法を見極め導入するのもまたセラピストの役割です。

治療的要因

心理的退行・内面の表出・カタルシス

人間の発達を考えても、幼児では、言葉の取得以前に自然に鉛筆やクレヨンなどを手に持ち、さまざまな方向への手の往復運動から始まり、円や直線などを含めたなぐり描きができるようになります。次の段階では次第に物の形を描くようになります。幼児は自分の手から生まれた線や円を見て何とも嬉しそうな顔をしながら、しきりにクレヨンを動かし熱中します。丸を描いて「これはママ、これはパパ、これは○○ちゃん」と命名します。またさまざまな線を描き色を塗ることで気持ちが発散されます。これらが幼児に満足感をもたらしているといえるでしょう。クライエントは、描く行為によって心の鎧を取り去り、子どもの時の気持ちに戻り

（心理的退行）、自分の表現したいものや考えを形に表したり（内面の表出）、感情の発散（カタルシス）を体験することになります。

カウンセラーにとっては作品からクライエントの深層の内的世界や感情を読み取ることができます。クライエントとカウンセラーの二者関係の中に、第三項としての描画が提示されることで、面接場面は二者が直接対峙する緊迫したものから、ずっと緩やかな場面へと変わります。筆者の経験ですが、ある神経症のクライエントは言語へのこだわりが強く、面接が終わるとしばらくして分厚い手紙が届くことがありました。「あの時のこの言葉はどのような意味でしょうか？　このような意味でしょうか？」と言うような内容でした。言葉にとらわれてしまうクライエントには、言葉だけで面接を進めるのではなく、かえってイメージを用いたほうがよいと判断して、描画療法を導入しました。すると彼は「先生の顔が今までの面接より穏やかになってとてもカウンセリングの場が温かくなりました。今まで敷居があったが、その敷居がなくなったような感じがします」と述べました。今までは筆者自身も自分の発する言葉が、彼にどのように受け取られるかと緊張しながら接していたようです。描画療法を導入することで、両者の緊張が緩み、作品を通して治療関係を密にすることができました。

描画という行為によってクライエントは、「心理的退行」「内面の表出」「カタルシス」を体験し、心のバランスを取り戻していきます。描画という非言語的な表現を通して、クライエントは面接の進展や深化に伴って、自己理解や洞察を深めることができます。それによって現存する症状や行動障害を改善し、ひいては人格の発展や成長を促進させることにつながっていきます。

芸術療法の四つの立場

芸術療法はなぜ治療的であるのかという点については中井[2]が芸術療法の四つの立場を述べています。

①一つの作品を完成すること自体に治療価値を認める立場
②自己の内面を表現することに意義を認める立場
③絵画を精神療法のコミュニケーション・チャンネルとする立場
④精神療法における解釈材料として用いる立場

いずれの立場にしろ、臨床家は描画のみならず、音楽・舞踏・詩歌・箱庭・コラージュなど多くの技法を適時、適所に用いながら治療的アプローチを試みます。また上記の四つは大きく分けて二つに分かれます。①、②は芸術行為そのものが治療的体験であるとする立場、すなわち、作ることそれ自体にカタルシスやバランスを取り戻す力があるとする立場です。③、④は精神療法・心理療法としての芸術です。後者は作品を作ることそれ自体ではなく作るプロセスでのクライエントとセラピストの関係性が重要となってきます。クライエントの作品がセラピストと共有されるということに治療的な意味を見出します。

自己実現とイメージ

心理療法には多くの学派があり、その理論に沿ったそれぞれの立場の芸術療法が提唱されていますが、ここでは治療的要因として「自己実現とイメージ」について記述します。

意識と無意識という心的総体の二つの部分が相互に結びつけられ、相互に生き生きとした関係がもたれるようになったときに「自己実現」がなされ、全体に向かう力が発揮できます。深層心理学では、内界の存在の意識化されたものとして、「イメージ」を捉えています。無意識の領域と意識の領域の橋渡しの役割があると考えられます。あまりに感情に流されてしまうのは問題ですが、また逆にあまりに理性（意識）が勝って、情緒（無意識）が無視されるところのバランスを崩すことになります。

イメージは無意識の創造的な生命力を一層強力に自我の中に統合する働きがあります。一方イメージには破壊的な力もあり、自我を脅かす働きもあります。そこで無意識からのイメージを安全な方法で表出することが必要となります。夢よりも、描画、箱庭、コラージュのほうが意識が入り守りがあります。イメージによって意識と無意識の統合がはかれ、生き生きとした関係がもたれたときにバランスが取れた状態になると言えましょう。徳田[3]は「描画療法は比較的容易にいわゆる意識の検閲から自由な自己表現と思考水準（認識過程）と感覚・知覚水準を動員した体験過程（情動発散・洞察・統合）とが可能になる」と述べています。

自己創造と自己治癒

何らかの悩みをもってうまく動けないでいる人を不適応状態にある人といい、カウンセリングの対象になります。もし自己表現、自己創造が他の人との関わりの中で阻害されることなくできていれば、その人は適応状態にあり、刻一刻と自己実現している人といえるでしょう。

伊藤[4][5][6]は人間関係には関係主義と操作主義の二つがあり、操作主義によって自己創造が阻害されるとし、「自己創造の前提は自己肯定であり、マズロー（Maslow, A.）のいう『成長欲求』であり、『希望』であり、『願』である」と述べています。描画療法における治療的要因は、まさに安全にして守られた枠（治療的人間関係と台紙の枠）の中で、自己表現、自己創造が可能になることです。治療的人間関係は関係主義といえます。加えて描画療法には用紙という枠もあります。そこに表出された自己の内面は、意識化されたもののみではなく無意識からの自己イメージこそ自己を癒す根源となり得るのです。その意味で自己表現・自己創造はつまるところ自己治癒であるといえるのです。

心理療法の根本は自己治癒であり、クライエントが自身の力で治ることです。クライエントの無意識のうちに混在する自己治癒力を活性化することが必要であり、そのためにはセラピストや描画療法などが必要となってきます(7)。

治療的関わり

筆者は大学生や成人とのカウンセリングでは作品を前にして、できるだけ本人の話を聞きながら話し合うことを心がけます。小学生や中学生は、なかなか作品について話すことはできません。子どもは言語発達が未熟であるため、言語だけで面接を進めるのは難しいので、遊戯療法などを導入します。その一つの技法として描画がありますが、とくに面接の初期ではでき上がった作品について話す（言語化する）ことは難しいことが多いのです。さらに言えば、話してほしいクライエントほど、話してはくれません。しかしそれも面接が進展し深化すると、いずれ作品について話せるときが必ずやってきます。作品について話せるというのは自己解釈できるということです。言語での面接と同様にクライエント自らが自分の問題に気づくことが大切であるため、セラピストは分析や解釈は返すことはしません。ただし自我のしっかりした大学生の自己開発・啓発的なカウンセリングでは作品について多少コメントをする場合もあります。

子どもの場合は、本人の話すことを受けとめることがいちばんで、話してくれなかったら「描いてくれてありがとう」とお礼を言うことで終了するのがいいでしょう。「よい作品ができましたね」という言葉は評価であり、カウンセリングの場ではふさわしいものではありません。次もよい作品を作らなければとクライエントは思ってしまうでしょう。中井[8]は患者さんの作品についてのコメントは「描けると思わなかった?」「疲れませんでしたか?」とまず否定形で話すと述べています。このアプローチを参考にしてください。描画行為そのものが治療過程でもありますが、内的なイメージを表現するためにエネルギーを相当消費するクライエントもいるので、まずはねぎらうことが礼儀であると思います。

解釈や分析について

描画やコラージュ、箱庭など、表現されたものが現出する技法ではそこに表現された作品があるため、セラピストは何か言ってあげたいという気持ちをもつでしょうが、何のために作品を作成してもらっているかを考えてほしいと思います。心理療法、カウンセリングのために、言語の代わりの自己表現の一つとして作ってもらっているのです。またたとえ作品について言語化できなくても、面接が進むにつれ何らかの気づき（洞察）を得て、しまいには描画をしないで話だけで済むようになります。あるいは子どもでは友達と約束をするなど現実の生活のほうが忙しくなり、カウンセリングを忘れたりするというようなことが起こってきます。そこでイメージを用いた表現技法は、それ自体が目的ではなく、あくまでも言語面接の補助手段であるということを忘れてはなりません。（本書七九～八一頁「描画の分析や解釈について」、八一～八三頁「解釈をしないということと解釈を返すこと」を参照）

解釈や分析はカウンセリングのセッションでは返さないのが基本ですが、面接が終わってからセラピストがクライエントの作品を分析し解釈することは必要です。それはクライエントの心理状況を把握するため、すなわちクライエント理解のために必要です。またカウンセリング・心理療法の方針を定めるために作品のアセスメント（査定）が必要になります。セラピストが作品を読み解くことは心理検査でいうアセスメントでもあります。描画は描くこと自体が自己治癒的体験であり、同時に描かれた絵を分析、解釈することでアセスメントができます。

描画療法のなりたち

絵を描くことの起源

人類の歴史の次元での描画の起源は、洞窟の壁画が最古であるといわれています。スペインのアルタミラの洞窟が有名ですが、フランスのラスコーや一九九四年に発見されたショーヴェの壁画もあります。壁には野獣が描かれていますが、これは呪術的な意味合いであるとか宗教的な意味合いであるという解釈が一般的でした。

岩井[9]は、「原始時代や古代では『呪術』と結びついていた。原始シャーマニズムは自然の脅威や病の退散を目的としていたが、そこに描画が一役買っていたと言えよう」、「古代ギリシャ・ローマ時代では豊穣の祈りや祭祀などから次第に芸術や音楽、演劇と分化し花開いていく。中世西欧では装飾的なゴシックやバロックが台頭し教会美術（彫刻や音楽）が盛んとなった」と述べています。呪術者が非日常的な存在へと変身することについて、また岩井は「人間は誰でも未知なるものに恐怖を感ずると同時に、強いものに憧れを抱き、美しいものに自分を同一化したいと願う」と述べています。

プラトンやアリストテレスは「芸術とは自然や世界の本質、人間の本質を再現、再生したものである」と述べています。芸術は本来、人間存在や宗教的なものと深く関わっているといえましょう。

筆者はスイスの巡礼の地であるアインシーデルンをかつて訪れたことがありましたが、教会内部の絵画や彫刻に、また朗々たるグレゴリアン聖歌の流れる中で、敬虔な祈りをささげる老若男女に感銘を受けました。現代社会を生きている私たちにとっても芸術の中に宇宙や神を、自然や世界を、そして人間の本質を見ているのではないかと深く思わされました。

岩井[9]は「一九世紀になるとニーチェが『神は死んだ』と主張し、カントは『純粋理性批判』を著し、フッサールが人間の『本質直感』を通して現象を見ようとした傾向などとあいまって、人々の心は次第に神から離れていき、かわって心理学主義が台頭してくる。芸術と人間生活との密接なかかわりが見出せる。特に絵画、彫刻、音楽などの芸術は宗教的であると同時に心理学的な役割も大いに果たしてきた」と述べています。

これまで、以上のように描画の発祥は、呪術的な意味合いあるいは宗教的な意味合いであったという解釈が一般的でしたが、香月[10]は、中原や千住による新しい解釈を紹介しています。「中原の意見は洞窟にある絵画ではなく、絵画のある洞窟として眺めてみる視点を重視しており、描くという行為の始まりは、描く場所、描く空間を選ぶということと不可分だったのではないか、千住の意見は絵を描くという行為自体がそこでは大切だったのではないか」というものです。ここに描画療法の起源があったと香月は考えます。筆者も、描く場所（空間）そのものであろうと、描く行為そのものであろうと、そこには描く人間がいて、仲間たちがいて、描く行為の体験や、描く行為の共有や、でき上がった絵の鑑賞を共有している場面を思い浮かべることができます。それがまさに治療的行為であったことは想像に難くないと思われます。

現代の描画療法の起源

クライン『芸術療法入門』[11]を参考に以下、概略を述べますが、後述する「第Ⅲ部　描画療法の研究」と重なるところがあり、こちらも参照してください。

［精神病理学からの発展］

一九世紀の精神障害者の収容施設では自発性を失った不幸な狂人たちのために「気持ちをそらせるもの」を探し求めていました。一八〇一年『狂気に対する治療』にて、フィリップ・ピネルが精神障害者に対して作業を推奨し、名画の複製といった手仕事などを導入しました。患者の気晴らしは治療のひとつであり、理性の回復ともなりました。二〇世紀になって作業療法（アメリカから入ってきたオキュペーショナル・セラピー）、リハビリテーション、エルゴテラピー（作業療法）といった名称で呼ばれる精神障害者の作業の展開は、「気晴らしの原理」のパラダイムの中に位置づけることができます。精神障害者の絵の解読としてチェーザレ・ロンブローゾ（Lombroso, C.）は『天才人』の中で「狂人たちの芸術」に一章を割いています。ジークムント・フロイト（Freud, S.）や精神分析家たちは作家の伝記と関連させながら分析的研究の対象として文学作品や絵画を取り上げています。これは病跡学と呼ばれています。

一九一二年からフロイト、オットー・ランク、ハンス・サックスはライプツィヒで雑誌『イマーゴ』を創刊します。とりわけ芸術作品の精神分析が行われました。一九二二年、ハンス・プリンツホルン（Prinzhorn, H.）の『精神病者の絵画』が出版されました。これらは一九四九年『伝統的な芸術に評価されたアール・ブリュット（生の芸術）』というテキストが発行され、多く愛好家たちにもてはやされました。一九五〇年に第一回世界精神医学会がパリで開かれ、多くの患者の絵が集められ展覧会が開かれました。これを機に表現精神病理学会が一九五九年に設立されました。しかし、表現病理学に関する研究は膨大にあったものの、芸術療法に関するものはほとんどみられませんでした[9]。

すなわち芸術療法が受け入れられるまでにはまだ至っていなかったのですが、フロイトの精神分析の誕生によって、従来の「記述精神医学」とは別の、セラピストとクライエント／患者間の精神力動的な関係を重視する「力動精神医学」の流れが生まれたということです[12]。

一方、一時はフロイトと行動を共にしたカール・グスタフ・ユング（Jung, C. G.）は精神分析から離れ、独自の分析心理学を創始しました。描画の解釈における現在の理論の基礎を作ったのはユングであると言われています。それ以前にフロイトが画家の作品を分析はしていましたが、一般の人たちの描画に適用させることはありませんでした。ユングは一般の人々の描画に心理学的解釈を適用して価値を置き、そこに治療や描き手の創造的な生き方を導く可能性を発見しました。[13]

［子どもの集団描画療法からの発展］

アメリカのアートセラピーにおいては、二つの流れが生じました。まず、マーガレット・ナウムブルグ（Naumburg, M.）が、一九一五年、ニューヨークに精神分析理論に基づいた学校（ウォールデン・スクール）を開設し、ここに描画療法の萌芽がみられます。彼女は一九四一年にニューヨーク州立精神医学研究所で芸術療法の研究に着手し、一九四〇年代には描画療法の本を次々と出版しています。ナウムブルグは描画に投映された「象徴」を見出すことに価値を置きました。[14]これが一つめの流れです。

二つめは、ウイーンで生まれたアートセラピストのエディス・クレイマー（Kramer, E.）はアメリカに亡命した後、一九五〇年頃から情緒障害児や視覚障害児のための描画療法に精力的に取り組み始めました。クレイマーはフロイトの言う「昇華」すなわち抱えた葛藤や欲求を創作活動という行動に転換させ、目標を達成することで発散することに価値を置きました。主に集団描画療法を行いました[12][15]。

一方、イギリスのエイドリアン・ヒル（Hill, A.）は、一九四二年にはじめて「絵画療法」（描画療法）の言葉を使いました。彼はイギリスの結核の療養所で実験的に描画療法を導入し、長期療養患者の心身の調整に役立てました[16]。また一九四六年に南ロンドンのネザーン病院でエドワード・アダムソン（Adamson, E.）が精神科入院患者のために集団描画療法のスタジオを開設しました[17]。

［人間性心理学・実存心理学の誕生］

一九六四年にアルフレッド・マズロー（Maslow, A.）、カール・ロジャーズ（Rogers, C.）、ロロ・メイ（May, R.）などによって病理ではなく人間のより健康で肯定的な側面を探究する「人間性心理学・実存心理学」が、精神分析、行動主義心理学と立場を異にする「第三の勢力」として生まれました。この時期が、アメリカにおいてアートセラピーが真に開花した時期であるといえましょう。ナタリー・ロジャーズ（Rogers, N.）は表現アートセラピーを提唱しました。人間性心理学に基づき、解釈や分析を行わず、アート（描画、造形、コラージュなど視覚的アート）のみではなくダンス・ムーブメントや声、サウンド、音楽、ドラマ、詩や文章という表現媒体すべてを用いて自己表現することで、心身の開放や癒し、自己成長そして創造性の開花を援助する療法です[17]。

［日本の芸術療法］

日本では徳田良仁を中心として一九七三年に日本芸術療法学会が設立されました。ヨーロッパの表現病理的分野や病跡学の流れをくんでいて、国際表現病理学会の日本支部となっています。近年ではアメリカなどで活発になった治療行為としての実践的な意義と技法、実践の研究や臨床的知見が多く発表されています[12][17]。

文献

（1）飯森眞喜雄（編）（二〇一一）『芸術療法』四一～四六頁、日本評論社
（2）中井久夫（一九八六）「芸術療法」吉松和哉（編集企画）／島薗安雄・保崎秀夫（編集主幹）『精神療法の実際（精神科MOOK第一五巻）』七四～八〇頁、金原出版
（3）徳田良仁・飯森真喜雄・大森健一・中井久夫・山中康裕（一九九八）『芸術療法1　理論編』一七五頁、岩崎学術出版社
（4）伊藤隆二（一九九二）『こころの教育十四章』日本評論社
（5）伊藤隆二・松本恒之（編）（一九九五）『現代心理学25章』一六三頁、一七五頁、八千代出版

（6）恩田彰・伊藤隆二（編）（一九九九）『臨床心理学辞典』八千代出版
（7）杉浦京子（二〇〇二）『臨床心理学講義：実習を通して学ぶ』一一一頁、朱鷺書房
（8）中井久夫（一九九六）「風景構成法」山中康裕（編）『風景構成法その後の発展』三〜二六頁、岩崎学術出版社
（9）岩井寛（一九八八）「芸術療法の意義」徳田良仁・村井靖児（編著）『アートセラピー（講座サイコセラピー第七巻）』一〜一二頁、日本文化科学社
（10）香月菜々子（二〇〇九）『星と波描画テスト：基礎と臨床的応用』誠信書房
（11）ジャン＝ピエール・クライン／阿部惠一郎・高江洲義英（訳）（二〇〇四）『芸術療法入門』白水社
（12）佐野友康（二〇〇六）芸術療法小史Ⅱ「札幌学院大学人文学会紀要」五〇号、七〜八四頁
（13）杉浦京子・香月菜々子・鋤柄のぞみ（二〇〇五）『投映描画法ガイドブック』山王出版
（14）M・ナウムブルグ／中井久夫（監訳）・内藤あかね（訳）（一九九五）『力動指向的芸術療法』金剛出版
（15）E・クレイマー／徳田良仁・加藤孝正（訳）（二〇〇四）『心身障害児の絵画療法（精神医学選書第五巻）』黎明書房
（16）A・ヒル／式場隆三郎（訳）（一九五五）『絵画療法』美術出版社
（17）関則雄・三脇康生・井上リサ・編集部（編）（二〇〇二）『アート×セラピー潮流』六〇、六一、六四、一〇八頁、フィルムアート社

Ⅱ　描画療法の基礎知識

方　法

描画療法の材料・道具について

クライエントは描画行為によって、葛藤や不安、欲求などの感情状態を発散や開放、昇華させて、意識、無意識のさまざまな心理状態を展開しつつ表現します。その意味では筆記具・彩色用具はやわらかいもの（たとえば絵の具）が発散には向いています。硬い筆記具（たとえば鉛筆）・彩色用具（たとえばクーピーペンシル）ほど発散の度合いは低くなります。しかし安全性についていえば、固いものほど安全性は高く、やわらかいものほど危険性は高くなるので、自我の脆弱性が目立つクライエントへのやわらかい筆記具や彩色用具の導入は慎重に行うように注意する必要があります。関[1]は「クレヨンやサインペンといった描画材料は、視覚的な対象物の表現に用いられることが多く、そのイメージに固執することにより、逆に感情的な側面を抑圧していることがある。その場合、非定型で触覚的な素材を用い抽象的な作品を作ることにより、より自由な自己表現が促される場合がある」と述べています。

筆者は二〇〇四年にスイスのユング研究所でアートセラピーの研修を体験しましたが、そのときの材料は横長の木の枠でできた試験管立てのガラスの管の中に、絵の具を溶いたものが色別に数十本入っていました。筆は動物の毛でできていて、描きやすくやわらかいタッチが素晴らしいものでした。かなり高価な筆で、筆を滑らす感触はとても気持ちがよく、時間制限があったのですが、いつまでもいつまでも色を塗っていたかったほどでした。良い感触の道具を使用できるということは自分が尊重されているようにも感じられ、感触そのものにも治療効果が高いと実感しました。その意味でも、道具についてはある程度品質の良い物を選択することをお勧めします。

筆記具・彩色用具：鉛筆、色鉛筆、プラスチック色鉛筆（クーピーペンシル）、画用木炭、水彩絵の具、アクリル絵の具、油絵の具、泥絵の具（三三頁参照）、クレヨン・クレパスなど。

用紙：画用紙、色画用紙、ケント紙、キャンバス、ロール紙、模造紙など。

その他：布地、毛糸、色紙、また落ち葉など自然の素材などがあると表現が広がります。

描画療法のさまざまな技法

［描画法・描画テスト］

描画療法（絵画療法）の技法には自由画・課題画・イメージ画が代表的なものとしてあげられますが、このうちの課題画と重なる描画法や描画テストは数多くあります。

描画療法と、描画法、描画テストという表現には、どのような意味合いの違いがあるのでしょうか。描画療法、描画法、描画テストのいずれも治療的側面とアセスメント的側面の両方を持っていますが、描画テストはアセスメントに重きを置く方法といえます。一方、描画法はどちらかというと治療に重きを置いた方法に用いることが多いようです。

筆者[2]は以前、投映描画法のうちテストと名づけられたものを三つに分類しました。①課題画テストとして「人物画テスト」など。②自然風景を描く描画テストとして「木を描くバウムテスト」「ＨＴＰテスト」「草むらテスト」「星と波描画テスト」など。③何もない用紙にはじめから描くのではなく、何らかの刺激図のある描画テストとして「ワルテッグ描画テスト」「ベンダーゲシュタルトテスト」など。そして描画法はテストと名づけられていないものとして、以下のものをあげました。「風景構成法」「スクイッグル法」「ＭＳＳＭ」「道画法」「卵画」「洞窟画」「家族画」「動物画」「動物家族画」「学校画」「親子画」「母子画」「火炎描画法」「火のある風景描画法」「誘発線描画法」「交互色彩分割法」「黄黒彩色分割法」「九分割統合絵画法」「雨の中の人物画」「間取図・見取図」「縄跳び家族画」、その他「塗り絵」「マンダラ塗り絵」など。また新しい方法として「楕円彩色法」があります。

また、徳田[3]は、「絵画療法における方法論や技法を一つの体系としてまとめるのは難しい」と述べ、描画療法の諸技法の展開として、スクイッグル、ＨＴＰテスト、風景構成法、枠づけ法、「マルと家族」の描画法、動的家族画法、家屋画、樹木画、人物画、イメージ絵画精神療法、「間合い」による連作法、拡大風景構成法をあげています。

〔自由画〕

好きなものを描く方法で、導入に際してはクライエントの病態像をよく把握して判断する必要があります。危険性が感じられるときには自由画ではなく、できるだけ枠(テーマを決めるなど)のあるものを導入したほうがよいでしょう。

本書第Ⅳ部に、自由画による描画療法の実践事例を載せ、方法についてもこちらに詳述しています。ご参照ください。

〔課題画〕

課題に沿って描く方法で、写生も含みます。「テーマ描画」とも呼ばれます。

本書第Ⅳ部に、課題画による描画療法の実践事例を載せ、方法についてもこちらに詳述しています。ご参照ください。

［イメージ画］

イメージを思い浮かべて描く方法です（四五〜四七頁「イメージとは」参照）。イメージの種類としては、具体的なもの（たとえば海の風景）と抽象的なもの（たとえば平和・怒り）があります。その意味では課題画と重なるところがあります。また音楽を聴いてそのイメージを描くものもあります。その場合も具体的なもの（たとえば緑の草原）をイメージする人と、抽象的なもの（色や線、形など）をイメージする人もいます。

徳田ら(3)(4)が臨床的に行っている「イメージ絵画精神療法」で用いているテーマをあげてみます。

具体的な課題：個人的なテーマのほかに、自己の周辺・環境にかかわるもので、通常、比較的狭いものから広いものへと段階的に実施します。「人・木・家」「耳・口・眼・手・体」「自画像」「自分の姿「鏡の中の姿」「男性と女性」「道」「大地」「地平線」「穴」「夢（夜間の夢）」「風」「火」「水」「空気」「円」「渦巻き」「光」「太陽」「月」「星」など。

心理的なもの：色から連想するもの、好きなもの、嫌いなもの、欲しいもの、なりたいもの、心に残る思い出、楽しかったこと、つらかったこと、気になることなど。抽象的なものとして、希望、夢、罪、信仰、善・悪、愛情、上昇・下降、音楽から連想するものなど。

家族に関連するもの：父親・母親、親と子、家族、子供、祖父・祖母、舅・姑、義父・義母など。これらに「理想的な」、「私の」などの形容詞をつけることによってイメージを出しやすくすることもあります。

社会的なもの：社会、社会と自分、自分と周りの世界、社会の中の自分、病院と自分、主治医と自分、気になる人、学校と自分など。

以上四つのカテゴリーに分かれたテーマに、それぞれから「連想するもの」という枠組みを広げた形式の表題にすることがあります。

［スクイッグル法（なぐりがき）］

スクイッグル法とは、ドナルド・ウィニコット（Winnicott, D.）が考案した[6]、小さな子どもにも適用可能な描画法です。クライエントとセラピストがそれぞれの用紙にでたらめの描線を引き、交換する技法で、相手の描線の中に見えてくるイメージをその線を使って描き出します。クライエントの内的世界を理解するために有効であり、またクライエントとセラピストの相互交流が容易に安全に行われます。

遊びの要素も含んでいるので子どもにも大人にも導入しやすい、相互なぐりがき法を以下に紹介します。

準備として、用紙（B４判用紙、八つ切り画用紙など適宜二枚）、クレヨン・クレパスを用意します。標準として鉛筆やサインペンでいたずらがきやぐるぐるがきをします。筆者の子どもの心理臨床では薄い色（白を除く。肌色、ピンク、黄色など）のクレヨン・クレパスを用いて、ぐるぐるがき、いたずらがきをしてもらうことが多いです。筆者の場合、まず「なにに見えるかなゲームって知っている？」と聞きます。筆者が考えたネーミングですからほとんどの子どもは「知らない。何それ？」と答えてくれます。そこで「まず薄い色ででたらめがきをお互いにかいてそれを交換します。交換した紙の線を見て何か見えてきたらそれを描きます。何色を使ってもいいです。また何かつけ加えてもいいです。でもできるだけもらった線を活かしてください。それらしく見えたら終わりにしていいです」と教示しています。基本の方法は以下の手順です。

①お互いそれぞれの用紙にでたらめの線を鉛筆で描く
②交換する
③線をじっと見て、何か見えてきたらクレヨンなどで描き出す。別の線を加えても良いが、できるだけその線を生かして描く
④三回ラリー（やりとり）をする

⑤何が見えたか話し合いをする

筆者は導入技法として用いることが多いですが、もちろんこの技法は治療技法としても使用できます。筆者が治療的に用いたやり取りを一つ紹介します[7]。

中高一貫の私立高校へ高校から入学した一年生の女子のカウンセリングに相互なぐりがき法を用いました。中学からずっと一緒にいる人たちの中に入っていくのはなかなか難しかったようです。面接初期のころ、筆者が描いたぐるぐる描きに彼女は調教されているオットセイを描きました。彼女の入学したのは私立校ですから、独特な教育法を行っています。慣れなければならないという気持ちの表われであったかと思います。彼女の描いたぐるぐる描きに、筆者は制服を着た女子を描きましたが、少し学校刺激がすぎるかなと思い、当時『スケバン刑事』というＴＶドラマが流行っていたので、手にヨーヨーを持たせました。「学校へ行きなさい」というメッセージになってはいけないと思い、少し遊びの要素を入れたのです。次の作品では彼女はカタツムリを描きました。まだ殻に籠っています。筆者はアコヤ貝の中の真珠です。やはりまだ貝の中に抱かれてきれいな真珠になるのを待っています。最後の頃には彼女はネズミ、筆者は蝶々です。可愛らしいネズミがちょろちょろと出始めました。筆者のほうは春が来て美しい蝶々になって飛んで行ってほしいという願いであったかと思います。

また、スクイッグル法について、田中[8]は「治療場面におけるクライエントに対する治療者の応答が必要であり、治療者の言語化の能力がかなり必要とされる描画法である」とも記述しています。すなわち、治療者の治療的才能と経験がものをいう方法であるともいえます。

さらに、スクイッグル法を実施するうえでの注意点として、田中[8]は以下の七つをあげています。

①安定した治療的保護空間の創造の必要性
②治療空間から描画空間へ展開する配慮
③「いま・ここで」の体験を大切にする
④相互の波長あわせが重要
⑤完成よりもプロセスが大切
⑥ルールややり方にはこだわらない
⑦技法や診断の道具としてあまり考えない

[ボディートレース]

等身大にトレースした自分の身体の輪郭を絵の具で塗っていくことで、自らの身体イメージを回復していくことを意図したもので、統合失調症や自閉症のクライエントなどへ導入します。方法として、まず二人ずつペアになり、直接の身体接触を避けるため、点光源のライト（スライドのプロジェクター）で壁に貼ったロール紙の上にポーズをした人物のシルエットを作り、もう一人がサインペンかクレヨンでそれをトレースしていきます。描き終えると役割を交代し、隣にあらかじめ貼っておいたロール紙に同様のやり方でトレースを行っていきます。次にそれぞれが自分のシルエットに目、鼻、口、髪の毛、衣服などの細部を絵の具で塗っていきます。[1]

［フィンガーペインティング（ファンタジーグループの場合）］

どろどろした絵の具（泥絵の具または小麦粉とポスターカラーで作る）を直接手で画面に塗ったり、たたきつけたりします。気持ちの発散に効果的です。個人セッションで泥絵の具を用いる場合もありますが、ここでは泥絵の具を使用した樋口[9][10]のファンタジーグループの方法を引用して紹介します。

「集団で行う心理療法として、また教育研修の方法として多く使われています。できるだけ自由な雰囲気の中で、プログラム全体が非構造的に運営されることが望ましいとされています。指導する人は世話人と呼ばれ参加者のために保護された自由な空間と時間を用意します。ファンタジーグループの中で一人一人が自由に自己を表現しつつその中で『遊ぶ』ことができるように配慮します。準備は泥絵具七色、乳鉢、にかわを溶かした液、タオル、大判（全紙版）の紙一枚、セロテープと画鋲、マジックインク（題を書く）、下に敷くための新聞やビニールの敷物紙、バケツや水入れなどに入れた水を準備する。五人から七人を一チームとして、話をしないで描くように指示します。なお指示は簡潔で十分であること。セラピストは一緒に描いてもいいが、ふつうは各グループを観察・指導します。描画はまず乳鉢での色作りから始められます。次第に絵を描くことの中に引きこまれます。終わったら手を洗って絵の周りになんとなくいてもらいます。鑑賞ははじめは床にかいたままの状態で、順々に回ってみます。自由に発言をさせ、自己洞察を含んだ発言があったときは、それを返しつつ充分にその意味を吟味します。次に壁にかけてもう一度鑑賞します。話し合いによって題をつけてもらいます。不必要に象徴の解釈や分析はいりません。再イメージ化は次の日に同グループ同メンバーでその絵を切って新しい絵を作ります。抵抗もありますが、時に固定されたイメージを破って新しいものを形成することも必要です。この『切る』ことは出発の良い準備になることがあります。最後の儀式として作品を焼却します。絵を火によって燃やし尽くすことで、ファンタジーの世界にさまよい出てしまったこころを浄化し連れ戻します」。

［自由度・安全性・枠］

自由画、課題画、描画テストの順に、自由度が次第に低くなります。また先述したとおり、筆記具や彩色道具では鉛筆などの固いものから絵の具などのやわらかいものにしたがって自由度が高くなります。健康度の高い人は枠を設けすぎると自由がなくなり窮屈に感じてしまいます。逆に自我が脆弱なクライエント、患者にはできるだけ枠を設けて、安全性を確保することが重要です。描画は基本的には自我の境界がしっかり保てている人に導入します。（一〇七～一〇九頁「適応と導入方法」参照）

枠に関して言えば、クライエント―セラピスト関係の樹立の人間関係も一つの枠です。面接室も個室であればそれは場の枠になります。描画療法の用紙や箱庭療法の箱も一つの枠になります。自由画ではなく課題を出せばそれも一つの枠になります。用紙にセラピストが枠を描いてクライエントに差し出すとさらに二重の枠となります。これは「枠づけ法」と言いますが、中井久夫が風景構成法を考案する時にまずセラピストがクライエントの目の前で用紙に枠づけをして差し出したのが始まりです。

「枠づけ法」の枠づけには二つの意味があります。一つは枠を作ることで保護することになり、クライエントに安心できる場を提供することになります。もう一つは表現を強いることにつながります。いわば枠と言うのは諸刃の剣ということです。ですからセラピストは今クライイエントが安心して表現することができるのか、枠を差し出されたことで、内面を出そうとしているのかを見極める必要があります。「導入と適応」の飯森の言及（五頁参照）が役立つことでしょう。

集団描画療法

描画療法は個別で行われるものと集団で行われるものがあります。もともと精神科で実施された経緯から、どちらかというと個別の実施より集団での実施が多いと考えられます。集団描画療法のプログラム例（精神科の病院で行われているもの）を文献をもとに紹介します。

［S病院での取り組み④］

参加スタッフ：医師、看護師、心理士（あるいはケースワーカー）

画材：B４判画用紙、一六色のクレパス、色鉛筆、水彩画用具

期間：毎週一回一時間

テーマ：自由画、人物画、生物画、樹、マルと家族、山・道・家の六つの画題を一回に一つずつ提示します。

参加：本人の意思による自由参加を原則とするが多くの患者に参加してもらうため、声掛けを

行います。

座る場所：本人の意思に任せるが、その時の態度などから外界ともかかわり方が観察できます。

目的：自分の絵を味わう。他患の絵に共感し、楽しむ。絵を通しての会話をします。

描画後：合評会を行う。皆の前で絵の説明をし、他者の感想を自分から求めるようにします。

セラピスト：補助自我的役割を果たし、支持的、受容的に接し、会をリードしていくようにします。

注意点：曝露的な状況や攻撃的・批判的評価や発言がなされたときは、セラピストがコントロールします。

合評会後：スタッフが全員集まり、現在の病像、参加態度、他の患者との交流の仕方、描画に投映されている内容、描画の推移、描画の説明について話し合い、病者の状態像や病理、描画の特徴を総合的に検討します。

［―病院の取り組み[11]］

参加スタッフ：精神保健福祉士、臨床心理士一名（固定）と各病院看護師（〇～三名）

形態：セミクローズド・グループ

対象：閉鎖病棟、開放病棟に入院中の療養者で、ある程度まで急性期の症状が鎮静している者

場所：多目的ホール（作業療法ホール）

画材：八つ切り画用紙、４Ｂ鉛筆、消しゴム、一二色クーピー、一六色クレヨン、色鉛筆。遅れてきた人やどうにも描けない人には八つ切りの半分で行うこともあります。彩色用具は混色のあり方もみたいので、一六色が中心です。

期間：週一回金曜日一三時半～一五時

テーマ：

①季節感覚を呼び覚ますものや行事にちなんだもの（お正月やひな祭り、卒業式など）

②昔なじみの風景シリーズ（思い出の風景、木のある風景、道のある風景、木と家と人と、夏休みの思い出など）

③スケッチシリーズ（こけしや花の静物画など）

④人シリーズ（人物、家族、誰かと何かしているところなど）

⑤自我像シリーズ

重複を避け、その時々の柔軟性、即興性が肝要であり、第一候補と第二候補を決めておく。自画像シリーズや人シリーズのときなどは、間に思い出の風景や置物のスケッチなど少し気の休まるテーマを入れるようにします。提示されるテーマ以外に必ず「自由画」でも良いことを加えます。

描画後：鑑賞会（シェアリング）を行う。一人ひとりが自分の作品を皆に見てもらい、つけ加えたいことがあれば説明してもらいます。その際、メンバーから素直な感想が聞かれることも多くみられます。スタッフも感想を伝えます。一人ずつに全員で拍手します。鑑賞会はシェアリングでもあり、同時にテーマによって想起された場面やその感情を統合すること、現実、今に戻ることでもあります。

終了後：ホールの後片づけをし、日付、氏名の記入漏れ、鑑賞会でのコメントを整理しながら、スタッフミーティングを行います。クレヨンを揃え、鉛筆を削り、道具の後始末をします。絵に変化のあるメンバー、参加態度が気になったメンバーを中心に話し合い、その都度病棟での様子を確認したり、気になる点など治療的配慮を忘れずに病棟へ申し送りをします。

絵の保管：三カ月分まとめてファイルボックスに保管しています。本人が希望したとき以外は展示しません。メンバーによって表現された「生の描画」をスタッフ（セラピスト）が大切に収めているという認識は、描画療法の構造を支える基盤のひとつです。

描画療法のプログラムに関しては、ナタリー・ロジャーズの『表現アートセラピー』[12]やルチア・カパチオーネの『アート・ヒーリング』[13]、近藤らの『自分と出会うアートセラピー』[14]が参考になります。原典にあたってください。

［授業中の集団描画療法の一例］

筆者が大学の授業の中で行った集団描画療法の一例を紹介します。一回九〇分の授業の中で行いました。参加者は一クラス四〇名程度、Ｂ４判のコピー用紙を人数分×三枚から四枚用意します。

二人一組になりスクイッグル法を実施します。お互いにでたらめの線を薄めの色のクレヨンで描き、交換します。それを見て何か見えてきたら、クレヨンで自由に描き出します。完成が目的ではないので、それらしく見えてきたら終了します。でたらめの線、交換、描画する（この一連の作業をラリーという）をあと二回行います。お互いに三回のラリーのスクイッグルの絵について何を見出したか、何に見えるかが変化したかを話し合います。

六人程度のグループになり今までのスクイッグルの絵を床に広げてみます。それらの絵をつなぎ合わせて一つにします。どのようにつなげるかはグループで話し合って決めていきます。ここで二人組がばらばらになり六人グループとして機能していきます。物語になるように順番を考えながら、折りたためる巻紙のように長くしたグループ、縦に四枚つなげて長い長方形にした後、ぐるりと丸くして筒のように仕上げ、ふたを別に作り一人の学生がその筒の中に入ったグループ、中心に一枚置きそのまわりにランダムにぐるぐると貼り付けたグループ、整然ときちんと長方形に作り上げたグループなどバラエティーに富んだ結果となり、「自分たちのでき上がりが一番良い」とたいへん盛り上がりました。

このような集団での描画行動は、自己理解、他者理解を体験できます。またグループの凝集性を高めるなどグループのダイナミクス（力動性）も体験できます。

理　論

描画療法の基礎理論

本書ではまず描画療法の心理学的基礎理論として、芸術心理学、イメージの心理学をあげます。作品の読み取りの基礎理論として、フロイトの精神分析、ユングの分析心理学、筆跡学、色彩心理学、発達的視点、さらに、筆者が芸術療法実践の際に拠りどころにしてきた中井久夫と秋谷たつ子の論述をさいごに取り上げることとします。芸術心理学から色彩心理学の項目までは杉浦『臨床心理学講義』[15]の記述に加筆したものです。まず、無意識の表現としての読み解きにフロイトの精神分析、ユングの分析心理学が役に立つことでしょう。筆記具による線の分析には筆跡学が、色彩用具による色の分析には色彩心理学が役に立ちます。

ルービンの『芸術療法の理論と技法』[16]には、フロイトの精神分析、対象関係論、自己心理学、ユングの分析心理学、人間学的（ゲシュタルト芸術療法）アプローチ、行動論的アプローチ、認知論的アプローチ、発達論と芸術療法があげられています。各学派の芸術療法に興味のある読者は直接あたってください。

芸術心理学

［芸術体験の癒し］

現代のわれわれの生活の中の芸術というと、絵を見る、音楽を聴く、本を読む、あるいは絵を描く、楽器を演奏する、文章を書く、またはダンスを踊る人もいるでしょう。受け身であれ、能動的であれ芸術とのかかわりで私たちは何かしら感動を受け、こころが豊かになることは疑いようもありません。さらに大きな感動を得たときは、私たちは不思議な感覚、あえて言うならば癒されている感じを受けます。なぜ私たちはこのような芸術にかかわる行動をするのでしょうか。これらのことを心理学的に解明しようとするのが芸術心理学です。

前述のとおり、筆者はある年の夏スイスに旅をして、アインシーデルンへ行きました。そこにはヨーロッパの巡礼者がたどり着くという修道院があります。何もない田舎街に忽然とあらわれたかのようにゴシック建築の大寺院がそびえ立っていましたが、中に入ると天井から壁にかけて、これでもかこれでもかと言わんばかりに、壮大な絵画や彫刻が施されていました。さらにそこには荘厳なグレゴリアン聖歌が朗々と流れていました。筆者はあふれるばかりの色と形と音に圧倒されましたが、一心に敬虔な祈りを捧げているヨーロッパの老若男女にも圧倒され、その真剣な面持ちに感銘を受けました。昨今のキリスト教の衰退にもかかわらず、ここには人と神との交流が存在し、芸術と宗教は深くかかわっていることを改めて感じさせられました。古代ギリシャの哲学者プラトンやアリストテレスはじめ多くの美の探究者たちは、「芸術とは自然や世界の本質、人間の本質を再現、再生したものである」と言っています。まさに現代に生きる私たちは芸術の中に宇宙や神を、自然や世界を、そして人間の本質を見ているのではないでしょうか。

［芸術心理学の方法と領域］

心理学の一般的な研究方法として観察、実験、心理検査、調査、面接などの方法があげられます。芸術心理学においては、グスタフ・フェヒナー（Fechner, G.）などの精神物理学的方法、ルドルフ・アルンハイム（Arnheim, R.）らのゲシュタルト心理学的方法、フロイトらの深層心理学的方法が先駆的研究であり、その他、情報理論、認知心理学、精神病理学、解釈学などがとられることが多いです。芸術心理学の研究対象は絵画、彫刻、音楽、文芸、演劇、舞踊、映画、建築などであり、その内容はそれらの印象や表現、鑑賞、創作に関する心理学的研究をするものです。課題としては美意識の発生条件や表現と制作者の関係、鑑賞過程、芸術的発達心理学、美術の教育、病跡学、芸術療法などです。芸術心理学は知覚心理学をはじめ多くの基礎心理学の分野と結びついていて、その隣接領域は多岐にわたっており、本書では網羅できないので、他の分野による参考書も参照してください。

イメージの心理学

[イメージの重要性]

人それぞれが抱くイメージを心理学的に取り扱うことは、いわば「『私』の心理学」という言葉が適切かもしれません。実験心理学的な科学的手法による心理学では、観察される事実が重視されます。つまり自と他を区別する考え方で、いわば個を消して普遍を研究します。しかし主観的な感じ方を探究する「イメージの心理学」すなわち「『私』の心理学」では、個より普遍に至る道を探ります。深層心理学的な分析的手法による研究といえましょう。そこで重視されるのは主観であり心的現実で、自と他を同じくし、体験を共有することが必要となります。カウンセリングの対象となるクライエントはその主観的な感じ方が問題を引き起こしているため、それを聞くセラピストはその主体的体験、彼らのもつイメージを共有することが必要となります。

個々の人がもつ主観的な心的事実は、無意識から醸し出されます。無意識は意識の母体といえます。ユングは「イメージこそ私自身にとっての経験であり、他の誰のものでもない」と言い、「夢はその代表的なものである」と考えました。フロイトも「夢は無意識への王道である」と言っています。イメージとは無意識的空想の活動に基づく内的な像であり、外的な客体の知覚とは間接的なつながりしかもちません。さらに、イメージと概念は同じようで少々違うものです。ユングの言うように、イメージは生命力をもっていますが、明確さに欠けます。一方の概念のほうは明確ですが、生命力に欠けます。

〔イメージとは〕

では、イメージとはいったいどのようなものでしょうか。image と imagery を辞書で引くと以下のように載っています。

「image」：①像、肖像、画像　②形、姿　③よく似た人（物）、生き写し　④象徴、化身、典型（シンボル）　⑤光学（映）像　⑥心象、表象、比喩的表現　⑦まぼろし、幻影

「imagery」：①（集合的）像、肖像、画像、彫像（images）　②心象（mental images）　③比喩的表現、写像

実験心理学では外界の摸像、知覚対象のない場合に生じる視覚像として、深層心理学では、内界の存在の意識化されたものとして、イメージを捉えています。そこでわれわれが通常使っているimageよりimageryのほうが内容的にはふさわしいと思われます。

河合[17]はイメージの特性を以下のようにあげています。

自律性：夢の現象は人間の反省、自我のコントロールの及ばない領域です。また夢は感情体験を伴います。古代医学では夢は神からのメッセージとして捉えられていました。ユング派のジェイムズ・ヒルマン（Hilman, J.）はこのようなイメージを産出してくる母胎として、soul（魂）ということを考えてみることを提唱しています。心でも体でもなく、魂を考えてみるのは、なかなか人生を豊かにしてくれます。

具象性：遊戯療法における子どもの遊びには、イメージの具象性を感じさせられることが多くあります。また言語表現にも「背伸びした生き方」などイメージ的表現を多く行っています。

集約性（多義性）：モーツァルトは自分の交響曲を一瞬のうちに聴くことができたと語っています。その曲は二〇分間にわたるものですが、このことはイメージのもつ集約性という特性を如実に示しています。

直接性：箱庭の作品などは、意識せずに作ったものでも直接に何かを訴えかけてくるものです。

そのため説明がなくとも了解されるのです。

象徴性：言葉やイメージはそれが明確で直接的な意味以上の何ものかを包含しているときに象徴的であるといえます。それは広い無意識の側面を有していて、それは決して正確に定義づけたり、完全に説明できないものです。したがってイメージはある程度の象徴性をもっていますが、そのなかで特に象徴性が高いものがシンボルであるといえます。

創造性：あらゆる創造活動の背後にイメージが存在しています。毎日毎日の生活が創造的とも言えるでしょう。

［イメージの価値の再認識］

ミルチャ・エリアーデ（Eliade, M.）は『イメージとシンボル』[18]の中で「今日、我々は一九世紀が予感すらできなかったあることを理解しつつあるのである。つまり、シンボル、神話、イメージが精神生活の必須の資であること、我々はそれを偽装し、ずたずたに切断しその価値を下落させることはできても、根絶やしにすることは決してできないことを学びつつあるのだ」と言っています。自我を中心に置くならば、イメージやシンボルは無価値であったり、むしろ有害なものでさえあります。それは自我の統合性や主体性を脅かすものとして感じられるからです。しかし自我を超えた存在として、「私」ということを問題とするとき、イメージやシンボルは重要となります。

［無意識の「神話産生機能」］

アンリ・エレンベルガー（Ellenberger, H.）は『無意識の発見』(19)の中で、人間の無意識はお話をつくる働きをもっていると言っています。神話・伝説・昔話・おとぎ話は人間存在を深く基礎づける役割をもっています。マリー＝ルイズ・フォン・フランツ（von Franz, M. L.）は「おとぎ話の言葉は、全人類――あらゆる年齢、あらゆる人種や文化――の国際語のように見えます」と言っています。

ユングのイメージについての考えは、「この内的な像は、さまざまな素材からなる複合体ですが、単なる寄せ集めではなくそれ自身として統一と独立した意義をもっていて、いわば心の全体的な状況の集約的表現であるといえる。イメージは意識と無意識の相互関係の内に成立するもので、その時その時の無意識と意識的な心の状況の集約的な表現といえる」というものです。また、夢は意識の態度に対する無意識の補償性を示しています。夢は多義的です。夢には、①クライエントと彼の内界との関係、②クライエントと彼の外界との関係、③クライエントとセラピストの関係の三つの側面があります。描画も夢のようなイメージの表現ですから、描画をこの三つの側面から眺めることも必要でしょう。

芸術とフロイトの精神分析

フロイトは『レオナルド・ダ・ヴィンチの幼年期のある思い出』（一九一〇）で、ダ・ヴィンチの生涯を中心にして精神分析的探究を行いました。彼は私生児として生まれ、幼年期に実の父親と養母に引き取られました。フロイトの精神分析における重要な概念であるエディプス期葛藤は、幼児期の母親や父親との関係から生じるといわれていますが、ダ・ヴィンチの生育歴はフロイトに大いなる興味をもたらしました。彼はダ・ヴィンチの作品『聖アンナと聖母子』を取り上げ、二つの問題を提示しています。一つは母親が二人描かれていること、もう一つは無意識にハゲ鷹が描かれていることです。以下はフロイトの『芸術論』（一九七〇）からの引用です。

「オスカー・プィスターが注目に値する発見をした。彼は、独特な形をした、そして容易には判じがたいマリアの衣服の描写の中に、ハゲ鷹の輪郭を発見しこれを無意識の判じ絵と解釈したのである。すなわち芸術家の母親を現した人物にきわめて明瞭にハゲ鷹つまり、母性の象徴がみられる。くっきりとその周囲から浮き上がっているこの布を、その中心からたどっていくと、我々はそれが一方では足の下へ下り、他方では彼女の肩と子どもの方へ上がっていることに気付く。前者は大体ハゲ鷹の翼と本当の長い方の尾羽根であって、後者は尖った腹部と、特に我々がその光輪状の、翼

ダ・ヴィンチ作『聖アンナと聖母子』
太線がハゲ鷹の輪郭線

の輪郭に似た線に注意するなら、拡げられた鳥の尻尾になる。そして、この尾の右端は、まさしくレオナルドの、運命的に意味深い幼年期の夢におけると同じように、子どもの、つまりレオナルドの口に向けられている」。

夢に関しては、ダ・ヴィンチがまだゆりかごにいたとき、一羽のハゲ鷹が舞い降りてきて尾で彼の口を開き、何度も何度もその尾で彼の唇を突いた夢を見たという報告があります。フロイトは、ダ・ヴィンチと実母の関係や、同性愛的傾向などに言及しながら、古代エジプト人の象形文字では、母の文字は明らかにハゲ鷹の形で書かれていることなどに言及しています。フロイトのさまざまな分析によって、われわれは、ダ・ヴィンチの作品の無意識の解釈に限らず、ダ・ヴィンチの人間性の解明にまで、近づくことができるのです。

またフロイトは文学においても『ドストエフスキーと父親殺し』（一九二九）を著しています。研究の対象として最も扱いやすいのは、道徳家としての彼であるとして、「作品の素材に乱暴者、殺人者、ガリガリ亡者などを好んで取り上げているのは、彼自身の内部にも同じ傾向がひそんでいるからである」、「小さな事柄においては外に対するサディストであり、大きな事柄においては内に対するサディストすなわちマゾヒストであり、最もお人好しな最も慈悲心に富んだ、最も親切な人間だった」と分析し、てんかん発作と父親との関連や賭博癖と彼の心的生活との関連について言及しています。われわれがフロイトの著述を読むとき、その分析の鮮やかさはあたかも推理小説を読むかのように、知的好奇心を満足させられます。

一方、フレデリック・パールズ（Perls, F.）がゲシュタルト心理学の理論をもとに提唱した、ゲシュタルト療法という立場があります。ゲシュタルトとは形になっていたり、一つの全体になっている構造を指す概念です。「図と地の反転」などの概念と、その図も有名です。ゲシュタルト療法は自己や自己の欲求を「形」にして表現したり、「全体」として「まとまり」のある方向へ人格の「統合」を図ることを志向しています。「今ここ」における経験を大切にして、ゲシュタルト心理学の「図」と「地」との相互関係で現象を見るという構造的な捉え方をして、対話をさせる技法を取り入れています[20]。

このゲシュタルト理論と、フロイトの深層理論の体系間には、相当のギャップが感じられることでしょう。芸術心理学の今後の課題は、実験的心理学理論と深層理論の体系間に介在する理論的ギャップを埋めていくことにあり、そこからはじめて芸術心理学としても統一的理論体系が生まれてくると思われます。

芸術とユングの分析心理学

［元型と空間図式］

ユングは、スイスの精神医学者で分析心理学の始祖です。フロイトにやや遅れて生まれましたが、一時期はフロイトに心酔し、またフロイトもユングを精神分析学の後継者として考えるほど共に歩んだ時期もありました。しかしその後、ユングはフロイトと袂を分かち独自の分析心理学を打ち立てました。

ユングは抑圧などによる個人的無意識の他に、誰でもが共通してもっている集合的無意識あるいは普遍的無意識という考え方を提唱しました。集合的無意識の世界は非常に広大で、無数のイメージに満ちています。しかしこの無数に存在するイメージは、よく観察してみると非常にたくさんあるようでありながら、少数の型があります。世界中に散らばる神話、おとぎ話、夢などを観察すると生活環境や文化の相違にもかかわらず、そこにあるイメージの基本的なパターンは共通しています。これを元型（Archetype）と呼びました。元型は夢や空想、昔話や神話などにしばしばみられる人間の内界にある普遍的なイメージの源泉をユングがいくつかに分けて位置づけたものです。夢分析、描画療法、箱庭にも出現するイメージであり、イメージや象徴を考えていくうえでしばしば役に立つものです。その後の分析心理学では、神話、民話、昔話、童話などの深層心理を象徴的に分析し、芸術心理学に貢献しています。

ユングは「象徴とは記号のような単なる既知のものの代用ではなく、ある比較的未知なものを表現しようとして生じた最良のもの、その他にはこれ以上適切な表現法が考えられないものである」と述べています。象徴の代表的なものである元型のうち、主なものを以下にあげます。

ペルソナ：社会に向けている顔。しばしば衣服で表現される。
シャドー：生きてこなかったもう一つの自分。しばしば同性の友人や黒い人物で象徴される。
アニマ：男性の心の中にある異性のイメージ。しばしばお姫様で象徴される。
アニムス：女性の心の中にある異性のイメージ。しばしば王子様で象徴される。
グレイトマザー：偉大なる母親のイメージ。良い面と悪い面の両面がある。
オールドワイズマン：偉大なる父親のイメージ。良い面と悪い面の両面がある。
セルフ：全体像。

空間の象徴的な意味を知ることも描画を読み解くために役立ちます。筆者は主に秋山さと子が臨床経験上の知見として発表している箱庭の空間図式を用いています。これは一つの作品に無理に当てはめるのではなく、描画の流れを見ていくときに利用します。五五〜五六頁にさまざまな空間図式を載せました。時に応じて参考としてください。

さまざまな空間図式（杉浦, 1994[21]と、リーネル・杉浦・鈴木, 2000[22]から引用して作図）

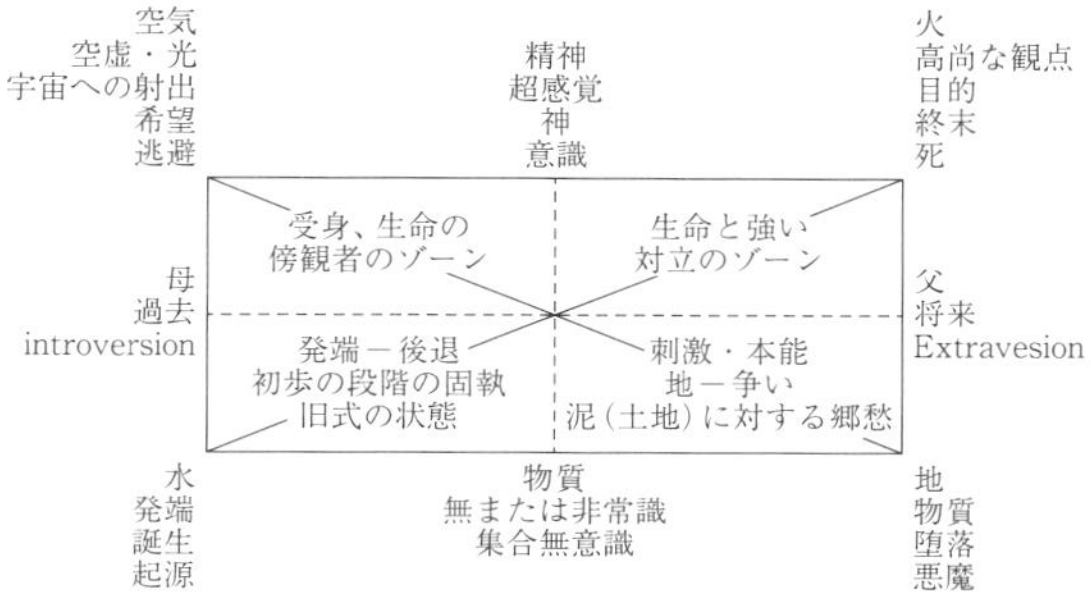

図1　コッホの空間図式

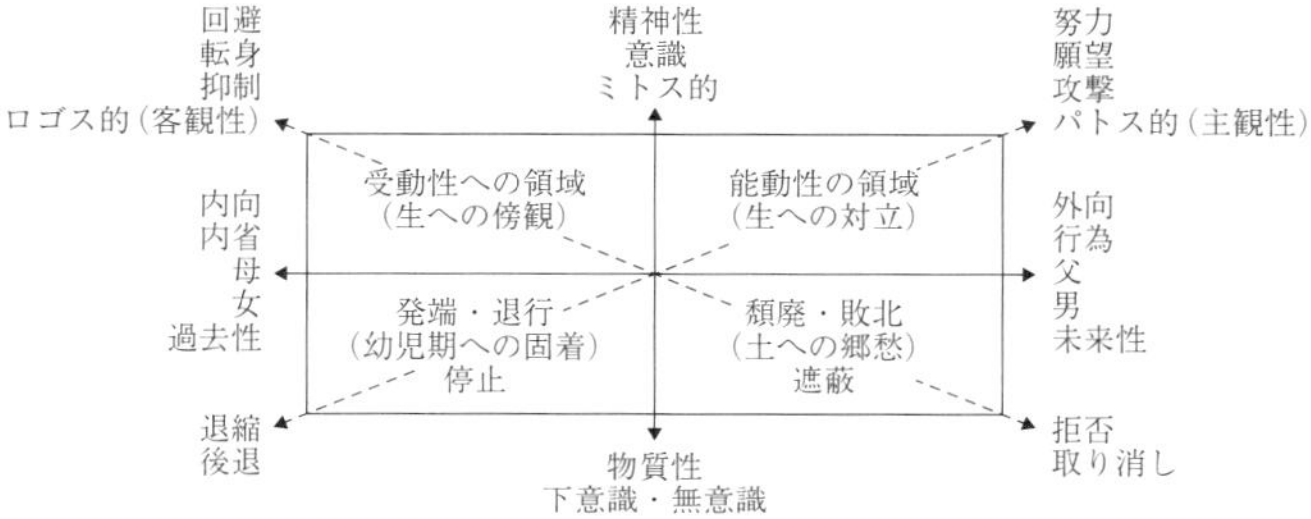

図2　林らの空間図式

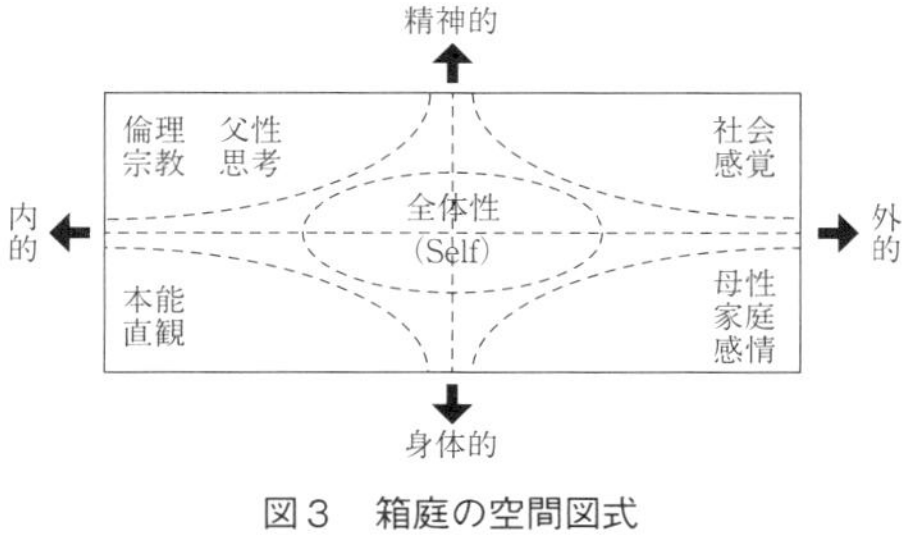

図3　箱庭の空間図式

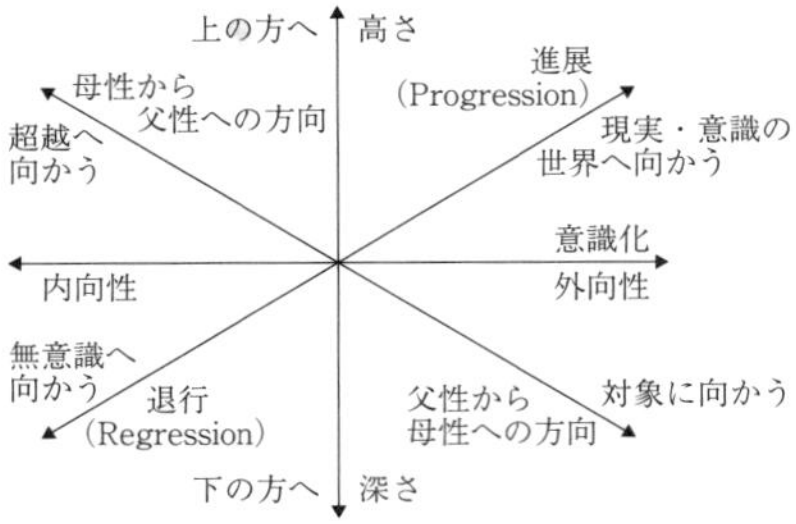

図４　動きや方向性を強調した空間図式

図５　村テスト（Dorf Test）の空間図式

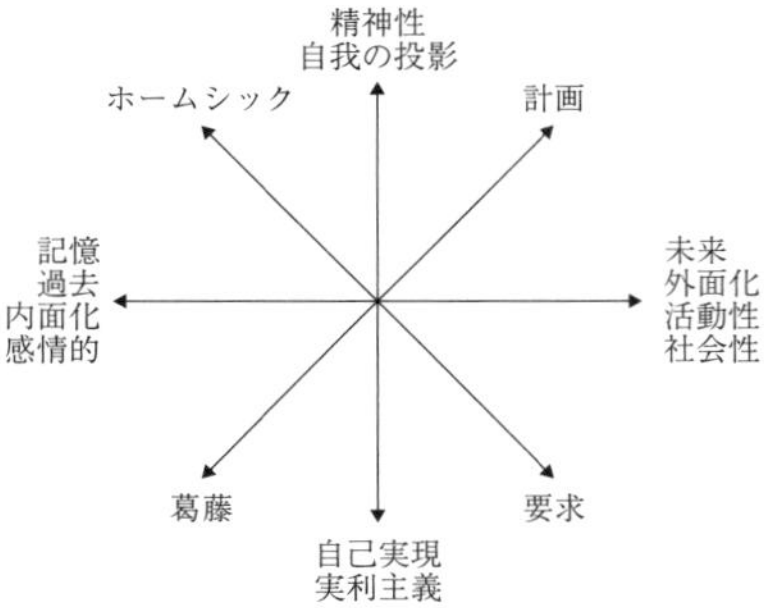

図６　ユング派の空間図式

［数と方向］

色についての象徴的な意味は「色彩心理学」の項目（六七〜七一頁）に後述しますが、数や方向の象徴的な意味について秋山[23]は以下のように述べています。

「数の象徴もかなり複雑であるが、大別すると次のようになる。

0｜：非存在、対立を含む神秘的な色、尾をかむ蛇であらわされるウロボロスで、永遠の意味、さらに世界の卵から連想される潜在的な力、未来の可能性または無、死を意味する。

1｜：始源、精神的存在、行動と発展、最高の権威、精神的統合、光と神聖。

2｜：反映、こだま、対立と葛藤、線または角度、太陽と月、生命と死、善と悪、そしてグレイトマザーと関わる女性原理を示す。

3｜：ダイナミックで創造的な数。精神的統合、対立の解消と調和、誕生、物事の始まり、最初の形、天国と三位一体、攻撃性、さらにオールドワイズマンとかかわる男性原理である。

4｜：十字、四季、四方向などを示す調和と完成を意味する。その他に大地、人間の状況、合理的組織、四大元素、四福音書、ユングでは曼荼羅のシンボルとかかわっている。

5｜：人間の形とかかわり、健康と愛の数である。人間の五体、手足の指、四角の中心点、男性原理である3と女性原理である2の統合で、神の結婚、五角の星は悪魔をあらわすこともある。

6―：二つの三角形が組み合わされた数で火と水の統合を意味し、一般には結婚のシンボル。両性具有や処女性、または試練と努力をあらわすこともある。秤の象徴でも運命を示す。

7―：神秘的な数で、3と4の統合、七つの惑星、世界の七不思議、内的な秩序と完成、ラッキー・セブン、そして痛みをあらわす。

8―：地上の秩序である四角と天の秩序である円との合体で、再生を意味する。二つの蛇のからむヘルメス神の杖、カドケウスで表される調和、完成、統合で、精神性と自然の持つ生命との融合、天の運行、悪魔祓いの数である。

9―：3の三乗、天・地・冥界を結ぶ軸、肉体と知性と精神性の統合を意味する幸運の数。

10―：統合をあらわす。1、2、3、4を加えたもので、全体、完成を示す数である。

方向―：左は心の内的な世界を示し、暗さ、無意識、神秘、女性などを示す方向で、心理的には隠遁、内省、退行、精神的なものへの興味を示す。右は現実の外的な世界を示し、明るさ、意識、確実、男性などを示す方向で、心理的には社会性、進行、積極性、物質的なものへの興味を示す。夢における方角は地理的な具体性も考慮すること」。

筆跡学

スイスの筆跡学者マックス・ピュルヴェール（Pulver, M.）は「無意識に文字を書くこと、それは無意識に絵を描くことである」[24]と述べています。またロズリーヌ・ダヴィド（Davido, R.）は「絵を描くとは誰しも敢えてしようとはしない仕方で字を書く一つの方法である」[24]と述べています。絵は文字のように厳密な規則に縛られないためにより大きな行為の自由を残しています。そのためわれわれの描く線はわれわれを巻き込み、それは「無意識の文字」となるのです。

すべての描画テストのベースとなるため、筆跡は実は一番重要であるといえます。ここでは星と波描画テストの創案者であり、筆跡学者でもあったウルスラ・アヴェ＝ラルマン（Ursula Ave-Lallemant）の筆跡の分析方法[25]をあげます。

文字筆跡と描画の描線の違いは、描画には面の処理があるということがあげられます。ラルマンはワルテッグの同僚であった筆跡学者のアウグスト・フェッテル（Vetter, A.）の教えを受けましたが、フェッテルの考え方を発展させ、独自の筆跡の理論を作り上げました。彼女の描線分析は、①線の引き方、②筆跡のタイプ、③筆跡の乱れ、④平面の処理の四つがあります。「筆跡のタイプ」はフェッテルの考え方であり、「筆跡の乱れ」はラルマンの長い経験やたくさんの臨床例から考え出されたものです。また「平面の処理」もラルマンのオリジナルです。

［線の引き方］

筆跡分析の第一段階は、線の引き方を検討します。形を作る線はスタートがあってゴールに至る一本の線で引かれることが多いです。典型的なものとして日本人に多い五芒星（ペンタグラム）は一筆描きであり、スタートがあり最後はスタートの位置にゴールして形ができ上がります。こういう形を描こうと頭で考えるため、迷いの無い線で形が作られます。スタートがありゴールへ向かう線は途切れの無い一本線です。

一方、波の線を描くときは自然に揺れるような線で描かれることが多いです。ちょうど振子が揺れるような線が描かれます。一本線の線と揺れる線は人間の生活の基本的な機能を表すものであり、前者は意識的な能力であり、精神と関係します。後者は本能的な生命の表れであり、人の命と関係します。どちらの線にしろ、安定した線と不安定な線で描かれます。また連続した線か、寸断した線かも検討します。

線の引き方の特徴の見立てを、以下に短くまとめてみました。

一本線：迷い無く自らが考えたイメージを形作る意識的なコントロールができる人と言えます。精神を集中して目的を追求できる人です。

揺れる線：腕や手首をリラックスして自分特有のリズムで描かれます。流れるような揺れる線を引く人は生活に滞りが無いことを表します。一方、動きの無い線で海を表現する人は生活上に何らかの滞りがあることを示唆しているといえます。

安定している：細く敏捷な線で迷うことの無い線です。何をどのようにすればよいか分かっている人であり、落ち着いていてすぐにはイライラしない人です。

不安定である：ためらうような細く切れた線です。描線は震えたりおどおどしてためらいがちです。いらだちやすく自信が無く優柔不断になっている人といえます。それは描画者の性格特徴ですが、何らかの障害を示唆する場合もあります。

連続している：最終点に達するまで休み無く続く線です。これは振り返ることより真っ直ぐにゴールに突き進む人といえます。

寸断している：いったん線を止めて、再び描き始める線です。一度立ち止まり自分のしてきたことを振り返り、また進む人であり、慎重な人といえます。

なお連続した線と寸断した線はそれぞれ安定した線や不安定な線と対応はしていないので注意が必要です。寸断した線であっても安定した線であれば慎重な人といえますが、不安定な線であれば、不安や神経質であるといえます。

［筆跡のタイプ］

ラルマンはフェッテルから筆跡分析を学びました。フェッテルは筆跡のタイプは四つあると提唱しています。

繊細な線：感情移入傾向と著しい感覚の鋭敏さを意味します。共感的理解や敏感さを示唆します。

鋭い線：合理的な制御能力、意識を意味します。自分をコントロールして導く理性的な能力を持つことを示唆します。

やわらかい線：官能的な感受性を意味します。感覚的な要素を持っており、他の心理機能より優位になっていることを示唆します。

しっかりした線：衝動的、自然体で無意識的であることを意味します。エネルギッシュ、自発的、本能的な傾向を示唆します。

表1を参照して、実際に鉛筆を持って線を描いてみましょう。フェッテルの基本の四つは、筆圧と鉛筆の持ち方から「繊細な」「鋭い」「やわらかい」「しっかりした」に区別されます。「繊細な」線は鉛筆を真っ直ぐに持ち、鉛筆の芯の先で弱い筆圧で一本の線を引きます。手探りし

表1　筆跡のタイプ

鉛筆の角度	筆　圧	線の名称と実例	筆　圧	線の名称と実例
まっすぐ	弱　い	繊細な線 	強　い	鋭い線 
	弱すぎる	か細い線 	強すぎる	硬い線 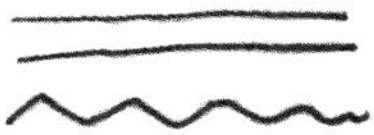
ななめ	弱　い	やわらかい線 	強　い	しっかりした線 
	弱すぎる	もろい線 	強すぎる	乱雑な線 

つつ、紙にそっと触れるように描き、その描線が細ければ、繊細な筆跡といえます。「鋭い」線は鉛筆の持ち方はそのままで筆圧を強くすると描けます。これは繊細な筆跡より濃く少し太くなります。「やわらかい」線は鉛筆を斜めに持ち、鉛筆の芯の側面で線を引きます。それはやわらかい筆跡です。「繊細な」線より描線が太くなります。やわらかい線は面を塗るときに使うことが多いです。「しっかりした」線は鉛筆の持ち方はそのままで筆圧を強くすると、しっかりした筆跡となります。「やわらかい」線より濃く太くなります。

〔筆跡の乱れ（障害の兆し）〕

ラルマンは自らの臨床経験に基づき、さ

きほどの四タイプの行き過ぎたもの（これは障害の兆しと呼ばれています）として、さらに四つの筆跡の乱れをあげています。

か細い線：繊細なだけではなく、壊れやすさ、もろさがあります。感情の過敏さを示し、障害の疑いと傷つきやすさを意味します。

硬い線：考えが一方的に合理的で時には摩擦的になることを思わせ、極端に鋭い意志が注がれることを意味します。

もろい線：汚れたようなぼやけた感じがします。官能的興奮性と、外からの影響を受けやすいことを意味します。過度の感覚受動性で既に影響を受けてしまった場合もあります。

乱雑な線：抑制も無ければ敏感さも無く暴走する衝動性を思わせます。一方向につっぱしる衝動的な行動を意味しますが、思春期後期の少年や成人では人格的成長の遅れが考えられます。

再び表1を参照し、今度は乱れた筆跡で、障害の兆しの線を引いてみましょう。

「か細い」線、「硬い」線、「もろい」線、「乱雑な」線は、「繊細な」線、「鋭い」線、「やわらかい」線、「しっかりした」線の行き過ぎたものです。「か細い」線は「繊細な」線の筆圧をもっと弱く、できるだけ弱く引いてみます。それはか細い筆跡となります。ほとんど見えない、フルフル震えるような線です。「硬い」線は「鋭い」線の筆圧をもっと強くします、できるだけ強く引くと硬い筆跡になります。これは下に紙を置いて引いた場合、テスト用紙を裏返して手で触ると線が感じられるほどに筆圧が強いものです。「もろい」線は「やわらかい」線の筆圧をもっと弱くします。できるだけ弱くするとにじんだような海綿状の線になり、もろい筆跡となります。これは線というより触るとぼろぼろと崩れるような面に見えます。「乱雑な」線は「しっかりした」線の筆圧をもっと強くしたものです。できるだけ筆圧を強く描くと乱雑な筆跡となります。これは校内暴力などの衝動的な生徒の描画によく表れます。

筆圧が弱いことは受動的であり、感情がよく働いているといえます。筆圧が強いことは能動的で意志がよく働いているといえます。それゆえ「繊細な線」、「か細い線」、「やわらかい線」、「もろい線」の筆跡を多く描く人は受動的で感情が優位の人といえます。「鋭い線」、「硬い線」、「しっかりした線」、「乱雑な線」の筆跡を多く描く人は能動的で思考が優位の人といえます。

その他に二つの障害の兆しがあります。黒く固着した筆跡とバラバラになった筆跡です。黒く固着した筆跡はある無意識的な固着を特定の場所に表し、強調しています。描画者はそれについてなぜか分からずにどうしてもそこから離れられずに黒く描いてしまいます。描画に表現された葛藤は、後になって会話の中で示唆されることもしばしば起こります。

バラバラになった筆跡は、しばしば長い線で表されます。バウムテストの樹幹や枝の輪郭によく見られます。寸断された線で描かれる仕方が行き過ぎたもので、描線の伸びが阻害され、分節や継ぎ足しが起こっています。あまりに多くコントロールし内省しすぎているともいえます。神経質な自己制御を意味します。

[平面の処理]

影をつける：とりわけ絵の雰囲気を強調します。しばしばやわらかい線で影は描かれますが、奥行き表現の知覚的な正しさというより、ここでは漂うような気分の状態の表現となります。情緒的で官能的な感受性と解釈されます。

線影をつける：平行線で影をつけることですが、これは意識的な統制がある程度必要です。理性の表現としての直線と、感情の表現としての影をつけることがここでは統一されています。すなわち感情を理性でコントロールしようとしていることを意味します。

輪郭を描く：合理性の強調です。輪郭線は思い浮かべたものをある種の抽象でスケッチします。内気で引っ込み思案の反応か、描けないので概念的に反応したかということです。輪郭自体は単にテストの指示に対する理性的反応です。

暗くする：影をつけるよりもっと強い描画の色の強調ですが、葛藤を示唆する黒く固着した塗り方とは区別されます。情動または激情の強さの表現です。子どもでは色を塗る代わりに黒くすることがあるので、識別に注意が必要です。

荒くする：不調和に配置された一本線によって描かれます。こすってぼろぼろになったり、破れたような印象をもたらします。対人接触の障害を意味します。バウムテストでは、幹にしばしば荒い面が表れます[26]。

色彩心理学

色彩心理学は色彩に関して人間の反応を研究する学問といえます。まだまだ発展途上の分野であり、いまだ確立した学問分野となっていませんが、最近では色彩心理学の開祖であり、カラー・コンサルタントのアメリカのフェイバー・ビレン（Birren, F.）の著書が翻訳されていて参考になります。ここでは臨床で色彩の読み解きに筆者がふだん使用している秋山[23]の「色彩の意味」と末永[27]の「代表的な色彩と人間の心理状態の関係」を取り上げます。

秋山は以下のように述べています。

［他のものとの連想］

赤：血、傷、動物的な生命力、エモーション、情熱

オレンジ：火と炎

オレンジと黄：光、太陽の色、中国では大地、ひらめき、直観

緑：自然、植物の繁殖、感覚時には死

青：空、海、知性、思考

茶：大地、豊かさ

紫：青と赤の反対色の混合で、不安を表すと同時に高貴な色

［暗色と明色］

黒や濃紺：無意識の世界

黄や白：意識の世界

金：太陽

銀：月

［錬金術］

黒：プリマ・マテリアと呼ばれる基本的な物質、罪、始源、潜在的な力

白：浄化、最初の過程、変化、水銀

赤：硫黄、情熱、日の出

虹色：成功直前の色
黄金：完成

［ギリシャ神話］
青：ゼウス（ジュピター）を表し、青空の色で宗教的感情、献身、清浄を意味する
緑：アプロディーテ（ヴィーナス）と自然を表し、豊かな山野、共感、適応性を意味する
赤：アレス（マルス）の色で、情熱、感傷、生命を意味する
黄：アポロン（アポロ）を表し、太陽の色で、寛大、直観、知性を意味する

［その他］
グレー：中和、無関心、わがまま、憂うつ
オレンジ：誇りと野心
紫：記憶、ノスタルジー、権力、精神性、昇華
ピンク：官能性、情動

また、秋山[23]は「アメリカ・インディアン（筆者注：ネイティブ・アメリカン）やチベットの夕

ントラ仏教にも複雑な色の象徴方式がある。夢の中の色はこれらの象徴的な意味の他に、各民族、地方によって伝統的な使い方があり、さらに個人の過去の体験からくる特殊な感情が大きく影響するので、自分の感じで考えるより他はない」とも述べています。

［色彩と心理状態］

末永[27]は以下のように述べています。

赤：感情の色といわれている。意欲的、活動的な時など、心身の動的な状態と共に表れる。興奮を連想させエネルギーの発散を促す作用がある。

ピンク：情緒豊かな状態、身体が敏感な時など、心身の高揚感とともに表れる。心理的には幸福感を、生理的にはぬくもりのイメージを感じさせる作用がある。

オレンジ・黄色：心理的には希望や願望と結びついて現れ、生理的には欲求の高まりを表すなど、外向的な欲求と共に表れる。心身に解放を与える作用がある。

緑：誕生、永遠など再生力と共に表れる。心身のリラクゼーションを促し、生命の成長とホメオスタシス（恒常性）を与える作用がある。

青：知性・思考の色と言われている。精神集中、自律心など求心的な心の動きと共に表れる。

清浄、鎮静など、エネルギーを吸収していくイメージをもたらす作用がある。

紫：悲哀、不安など気力の低下、あるいは自己回復の願望と共に表れる。自己治癒や神聖なイメージを与える作用がある。

茶色：消化・排泄、食欲、欲求などと関連するといわれている。大地の色であり、温かみを与える作用がある。

その他：黒や濃紺は無意識の世界、黄や白は意識の世界を表す。金色は太陽、銀色は月と関わる色とされる。

発達的視点

描画療法では描画の発達についてある程度、把握しておく必要があります。基準を知ることで年齢に見合った発達からの逸脱を知ることができます。

ここでは人物と木の描画の発達特徴を以下にあげます。

一歳半～二歳半頃：なぐりがきの時期（錯画期・スクリブル）といい、人物画は点か短い線、ゆがんだ丸で表現されます。樹木画はまだ描けません。

二歳半～四歳頃：象徴期（命名期→図式前期）といい、人物画は一つの円渦巻き模様、胴体・

手・脚、人物の動き、男女の別など人間らしい形になります。樹木画は三、四歳から描けるようになります。縦長の矩形で実や葉らしきものが付着している場合もあります。幹と樹冠の比率は18：10であり、幼児不定型といいます。

五歳〜八歳頃：図式期といい、人物画は動作と表情（感情表現）、顔・胴体・手・脚・髪の毛、バックル・ボタン・めがねなどが描けます。樹木画は枝が一線枝から二線枝、枝分かれ、幹と樹冠の比率は12：10であり、四歳〜六歳で幼型（矩形の幹に矩形の枝）、六歳〜八歳で移行期（一〇歳〜一一歳）といいます。

八歳〜一一歳頃：写実の黎明期といい、人物画では全体のバランスがそれなりに安定してきます。樹木画では全体に大きくなる、立体感、位置関係が正しくなるなど、徐々に要素が増えていきます。幹と樹冠の比率は10：10で、七歳〜九歳の過半数が基本形、一〇歳〜一一歳で、人型・冠型・基本型・放散型が出現し、立体描写ができるようになります。

一一歳〜一四歳頃：写実期といい、人物画では表情、態度などが写実的になります。男子で萎縮的、女子で拡大的になります。樹木画では要素、方向、太さ、次元の分化がより表現されます。幹と樹冠の比率は８：10となります。

一四歳〜一八歳頃：完成期といい、人物画では写実的で技巧的、しばしば戯画化、漫画化、抽象化が出現します。樹木画では人物と同じことが言えますが、描線成熟、省略画となります。

以上、実際のクライエントの年齢と基準とを比較して基準からの逸脱の判断に使ってください。発達的視点をまとめるにあたって使用した文献も参考までにあげておきます。

家族画研究会（編）『特集　描画テストの読み方㉘』
日本描画テスト描画療法学会（編）『特集　バウムテスト㉙』
高橋雅春『描画テスト入門：HTPテスト㉚』
高橋雅春・高橋依子『樹木画テスト㉛』
K・ボーランダー『樹木画によるパーソナリティの理解㉜』
U・アヴェ＝ラルマン『バウムテスト　自己を語る木：その解釈と診断㉕』
D・ドゥ・カスティーラ『バウムテスト活用マニュアル：精神症状と問題行動の評価㉝』
L・フェルナンデス『樹木画テストの読みかた：性格理解と解釈㉞』
小林重雄『グッドイナフ人物画知能検査ハンドブック㉟』
K・マコーバー『人物画への性格投影㊱』

中井久夫「描画療法の導入に際しての注意点」

「描画療法」という書名を冠する本に欠かせない論文として、中井の「芸術療法の有益性と要注意点[37]」をあげます。この注意点は筆者の芸術療法の拠り所であり、ロールシャッハの大家である秋谷たつ子氏の論述と共に、筆者の芸術療法の指針として、今まで何度も繰り返し読み、助けられてきたものです。

以下、中井の論文の一部を述べますが、読者はぜひ原典にあたってほしいと思っています。

中井は、「一般に神経症群においては成人の言語による交流が中心であり、芸術療法は第二義的なものである。エディプス的な領域の治療が問題となっている場合は、成人の言語による治療で十分である。前エディプス的な領域が治療の問題となる患者においては成人の言語による治療は決して十分でない」というバリントの指摘を念頭に置いたうえで、以下のような注意点をあげました。

関与しながらの観察：治療場面の「切迫性」を一枚の画用紙、一片の粘土が介在すれば大いに和らげられうる。治療者は患者の動きや表現（患者のいとなみ）に関与しながら観察する――これは「関与しながらの観察」の最も初歩的で単純な形、しかし最も確かな場合である。絵画や粘土などには成否はなく、了解可能性の限界もなく、巧拙もない――患者のいとなみに関与しながら治療の流れの導きの糸を見失わないようにすればよい。

行動化・転移・解釈：表現されたもの（媒介物）によって患者の行動化が和らげられる。最悪の場合も極端な行動化の予知に役立つ。転移の表現も穏やかなものとなる。解釈もまたより目立たず自然な形となる。要請されれば解釈をしなければという一種の回答強迫は多くの治療者が持つが、これは患者の問題というより治療者の威信の保持という非治療的な問題である。

「示す」ことと「語る」こと：芸術療法は何かを「語る」ものではなく「示す」ものであるが、「語る」ことを助けるようだ。それをめぐっての会話が育つという意味だけではなく、行為によって会話が成り立つことが多い。

第三の対象として：第三の対象（媒介物）の介在はバリントのいうBasic Fault（基底欠損）の患者に必要なのではなかろうか。Basic Faultの患者は二人関係であり、特有の不安定さ、困難がある。媒介物はこのような二人関係に伴う危険性を防ぐ力があるのではなかろうか。患者も治療者も第三の媒体によって治療的余裕を持つ可能性が大きくなる。

治療者のデカセクシス（退屈）を救うこと：治療者の退屈を救う。治療者が退屈していては、患者の治療に生き生きとした関心を持ち続けることは難しい。患者の表現する媒介物によって治療者は再カセクシスに向かうことができる。（筆者注：カセクシスとは、リビドーが何らかの対象や観念に向けられることを意味します。）

その他、要注意点について二、三：押し付けがましさ、強制は実を結ばない。アートセラピストと治療者が別人である場合、メッセージの宛先は誰かをはっきりさせておくことが必要。芸術療法を行っている患者が「特別な患者」とならない配慮が必要である。

また中井[38]は「（患者の）たどたどしい一本の線と『芸術性』の高い完成画とを『哲学的に対等』とみなす用意が必要である。われわれは分裂病者の陳述を通常その言語表現の稚拙で取捨選択することはない。このことは絵画研究においては、あまりにしばしば忘れられているのではないだろうか」と述べています。すなわち患者の描いた一本の線は芸術家の描いた線と同等の価値があるということです。私たちはこの視点を常に念頭に置いてクライエントと向き合っていたいものです。

秋谷たつ子「投映法と知能テスト（図形テスト）」

かつて筆者は、秋谷の論述に目からうろこの体験をしたので、これも一部を紹介しますが、ぜひ原典[39]にあたってください。

秋谷は、

「ここでは投映法と言語による質問、行動による課題解決を通して、二者関係（個別法のみを扱うから）のコミュニケーションから対象をどのように把握、理解して行くかについて以下に述べるつもりである。ロールシャッハ法やTATのような、いわゆる投映法として一括されている技法のみならず、積み木や組み合わせ問題（WAIS）のような図形テストの過程を注意深く観察してゆくならば、被験者の行動や表出によって、多くの「投映」が把握できることが解ってきた」

と述べています。筆者は知能検査はあくまで知能を測定するものであり、検査者はできるだけ機械的にクライエントに接するものであると思いこんでいました。さらに秋谷は、

「それ（筆者注：投映）は、検査者—被験者という関係で個室で行う個人法は、個人精神療法と同じく、検査者（治療者）と被験者（患者）が閉ざされた空間において話し合うものだからであり、そこでの二人の会話や行為には相互的な転移、逆転移が絶えず起こっているからである。だから熟練した検査者ならば、これらの反応を理解し治療過程として応用できるのである。筆者は後輩の育成に際して『ザル目、ザル耳』という言葉で戒めているが、われわれはどうやってこのザルのあみ目を細かくして大切な事柄を取り落とさずにすくい上げ得るか常に多面的に思考を働かせ多面的に観

察し、その場面を俯瞰的に統括しフィードバックして行くのが臨床心理学者の課題である」と述べています。この論述に触れたときの体験は今でもクライエントに接するときのお守りのように大切なものとなっています。

秋谷はクライエントの表現を観察する際には以上のような視点で行い、その際には、「ザル目ザル耳」にならぬようにと戒めています。その描画はクライエントそのものであり、その作品に表現されたものがどのような叫び声を発しているのか、あるいは小さなささやきであったら、なおのこと丁寧に聴き入り、丁寧に掬い上げる姿勢を大切にしてほしいと願っています。

実践に際して

描画療法のアセスメントと治療の二面性

描画療法はイメージを用いる技法であり、表現された作品がクライエントとセラピストの目の前に介在する点で、言語のみで行うものとは異なった側面があるため、その特徴をあげていきます。

描画法はアセスメントと治療の相反する意義を持っています。メッセージを分析・解釈すること（アセスメント）と受け取ること（治療）の相補性を、常に念頭に置くことが重要です。描画療法における治療とアセスメント（解釈）の両義性は心理療法全体の問題でもあります。河合の箱庭における論述[40]を要約すると、「カウンセラーの一方的な解釈は治療の流れを阻害することにもなりかねない。しかし解釈が行われないとまたその流れが滞ってしまう。『受容する』ことと『解釈する』ことは相反するものと思われるが、実は相補的な働きをなしている。つまり受容を深めるためには解釈が必要となり、意味ある解釈をするためには受容的態度が必要だといえる。一方、クライエントは自分の表現したものの意味を把握しつつ、それを土台として、そのときに感じた治療者の態度に支えられて、より深い部分へ探求の手を伸ばしていく。このような相互作用によって治療が展開されるのである」と述べられていました。

描画療法においてもこのように受容と解釈が相補的に働くことによって治療が展開していくのであり、その意味でクライエントとセラピストの関係性の中で作品は生まれてくるといえましょう。

描画の分析や解釈について

「I　描画療法とは」でも述べましたが、セッション中には解釈や分析は返さなくてよいのです。セッションが終わってから、クライエントの心理状態などを知り、次のカウンセリングに役立てるために解釈や分析を行います。一人ではその解釈が一方的になりがちなので、職場の人たちとケースカンファレンスを行うことがよいでしょう。またケースのスーパーバイズを受けることも必要でしょう。

次に描画の分析のアプローチについてです。描画や箱庭、コラージュなどに表現されたものはそれぞれの象徴的な意味を調べることも役に立ちますが、全体から受ける第一印象がまず第一にするアプローチです。温かい描画か、冷たい描画か、元気な描画か、力のない描画か、安定しているか、何か不安を感じさせるかなど、全体を一瞥して受けた印象を言語化していきます。この方法は、何も色だけではなく、形、筆跡、構成などすべての要素に分ける前に、全体を把握し、そこから細部に目を向け検討していきますが、その結果をまとめてまた全体に戻っていきます。

「星と波描画テスト」の創案者であるラルマンは描画の解釈のアプローチとして、①事実、②表現、③象徴の三つをあげています。筆者が二〇〇〇年に訪独して受けたセミナーで、ラルマンは「①の事実のレベルは誰でもが了解できるが、②の表現のレベルはどういう印象を受けるのかということなので全員が了解できるとは限らない。描いた人の心の中で体験することを理解するためには、表現のレベルを把握しなければならない。描き手の心の中を示してくれるのは、表現のレベルであって、事実のレベルではない。③の象徴のレベルは感情のこもったものや絵画的な描画に多く見られる。また黒く固着した塗りつぶされた描き方で表現され、人生における葛藤である」と述べていました。

①の「事実」はたとえば木の絵で「中央に位置している、右のほうの枝が左に比べてたくさんある。幹に傷がある」など誰が見ても了解できるものです。②の「表現」（Ausdruck expression）は、描画者が木について何らかの印象（Eindruck impression）をもちそれを紙の上に表現します。セラピストはその絵の印象（Eindruck impression）を受け止める（述べる）ことで描画者の心の中に接近することができるのです[26]。③の「象徴」では、その象徴を分析心理学などを用いて読み解いていきます。

解釈をしないということと解釈を返すこと

解釈をしないということは、芸術療法全般にいえることで、作品を作っている時間そのものが治療的な時間であり、空間であるわけで、でき上がったものに対して、それを評価するとかコメントするということは非治療的なことなのです。先にも触れましたが、中井[37]は「一般に要請されれば解釈をしなければと言う回答強迫は、多くの医師の持つものであり、これは実は患者の問題であるよりも治療者の威信の保持という、非治療的な問題である」と述べていました。つまり「治療者の回答強迫が解釈をしてしまう」というわけです。そのあたりのところをきちんと押さえておかないといけません。時機が熟していないうちのセラピストの解釈は非治療的なものですが、時機（タイミング）をみて解釈が行われるということはあります。治療が進行して終結に向かっていくとクライエント自身で自己解釈ができる時期がきます。作品を前にしてクライエントの中におのずから解釈が生まれるわけです。クライエントが例えば「これが描けたので、私はやっていけそうです」と言ったとき、その時に初めて「本当にそうですね」というようなコメントが行われれば、そこで完結していくわけです。ですからはじめに解釈がなされるというのは全く心理療法から外れていることになります。

クライエントから解釈の要請があるということに関していえば、クライエントとセラピストの関係性の樹立した心理療法の中ではあまり見られません。もし要請があるとしたら逆に関係性の樹立がなされていないといえましょう。クライエントはこころのもやもやを目に見える形で表現できたとき、満足感や安心感に満たされます。そこに解釈を要請する気持ちは出てきません。

さいごに、セラピストの態度・役割を述べます。セラピストには、作品を受けとめ、ともに味わう役割があります。それは作品を作っただけではなく、誰かとともに味わい、受けとめてもらう必要が描画療法という関わりの中にあるからです。自分の作品について語ることができるということは、自己理解、自己解釈できる、ひいては洞察できるということです。セラピストは、クライエントが語るまで待つこと、語ったときにそのタイミングをとらえて支持していけばよいのです。作品が目の前にありますから、こちらから何か言ってあげたくなるかもしれませんが、言語での面接と全く同じで本人の洞察を待つのがセラピストの役割です。

文献

(1) 関則雄・三脇康生・井上リサ・編集部（編）（二〇〇二）『アート×セラピー潮流』六七頁、フィルムアート社

(2) 杉浦京子・香月菜々子・鋤柄のぞみ（二〇〇五）『投映描画法ガイドブック』山王出版

(3) 徳田良仁（一九九八）「絵画療法の各種技法の理論と展開」徳田良仁・大森健一・飯森眞喜雄・中井久夫・山中康裕（一九九八）『芸術療法1　理論編』一七五〜一八三頁、岩崎学術出版社

(4) 徳田良仁・大森健一・飯森眞喜雄・中井久夫・山中康裕（一九九八）『芸術療法1　理論編』岩崎学術出版社

(5) 徳田良仁・大森健一・飯森眞喜雄・中井久夫・山中康裕（一九九八）『芸術療法2　実践編』岩崎学術出版社

(6) D・W・ウィニコット／牛島定信（監訳）倉ひろ子（訳）（一九九八）「スクイグル・ゲーム」『子どもと青年期の治療相談（ウィニコット著作集8　精神分析的探究3）』岩崎学術出版社

(7) 四天王寺（監修）（二〇〇八）『四天王寺カウンセリング講座8』創元社

(8) 田中勝博（一九九三）「スクイグル法の実際」家族画研究会（編）『特集　スクィグル技法：シンポジウム描

くということ（臨床描画研究第八巻）』一九～三四頁、金剛出版
（9）樋口和彦（一九七八）『ユング心理学の世界』創元社
（10）樋口和彦・岡田康伸（編）（二〇〇〇）『ファンタジーグループ入門』創元社
（11）飯森眞喜雄・伊集院清一（編）（二〇〇九）『絵画療法（芸術療法実践講座第二巻）』岩崎学術出版社
（12）N・ロジャーズ／小野京子・坂田裕子（訳）（二〇〇〇）『表現アートセラピー：創造性に開かれるプロセス』誠信書房
（13）L・カパチオーネ／長谷川寿美（訳）（一九九三）『アート・ヒーリング：絵の魔術』たま出版
（14）近藤総子（編）（二〇一四）『自分と出会うアートセラピー：イメージでひらく無意識の世界』新曜社
（15）杉浦京子（二〇〇二）『臨床心理学講義：実習を通して学ぶ』朱鷺書房
（16）J・A・ルービン（編）／徳田良仁（監訳）（二〇〇一）『芸術療法の理論と技法』誠信書房
（17）河合隼雄（一九九一）『イメージの心理学』青土社
（18）M・エリアーデ／前田耕作（訳）（一九七四）『イメージとシンボル（エリアーデ著作集第四巻）』せりか書房
（19）H・エレンベルガー／木村敏・中井久夫（監訳）（一九八〇）『無意識の発見：力動精神医学発達史』弘文堂
（20）恩田彰・伊藤隆二（編）（一九九九）『臨床心理学辞典』八千代出版
（21）杉浦京子（一九九四）『コラージュ療法：基礎的研究と実際』川島書店
（22）B・リーネル・杉浦京子・鈴木康明（二〇〇〇）『星と波テスト入門』川島書店
（23）秋山さと子（一九八二）『ユング心理学へのいざない：内なる世界への旅』三〇九～三三七頁、サイエンス

社
(24) R・ダヴィド/若森栄樹・荻本芳信（訳）（一九八四）『子どもは絵で語る』紀伊國屋書店
(25) U・アヴェ＝ラルマン/渡辺直樹・他（訳）（二〇〇二）『バウムテスト　自己を語る木：その解釈と診断』川島書店
(26) 杉浦京子・金丸隆太（二〇一二）『投映描画法テストバッテリー：星と波描画テスト・ワルテッグ描画テスト・バウムテスト』川島書店
(27) 末永蒼生（一九八八）『色彩自由自在』晶文社
(28) 家族画研究会（編）（一九八六）『特集　描画テストの読み方（臨床描画研究第一巻）』金剛出版
(29) 日本描画テスト描画療法学会（編）（一九九四）『特集　バウムテスト（臨床描画研究第四巻）』金剛出版
(30) 高橋雅春（一九七四）『描画テスト入門：HTPテスト』文教書院
(31) 高橋雅春・高橋依子（一九八六）『樹木画テスト』文教書院
(32) K・ボーランダー/高橋依子（訳）（一九九九）『樹木画によるパーソナリティの理解』ナカニシヤ出版
(33) D・ドゥ・カスティーラ/阿部惠一郎（訳）（二〇〇二）『バウムテスト活用マニュアル：精神症状と問題行動の評価』金剛出版
(34) L・フェルナンデス/阿部惠一郎（訳）（二〇〇六）『樹木画テストの読みかた：性格理解と解釈』金剛出版
(35) 小林重雄（一九七七）『グッドイナフ人物画知能検査ハンドブック』三京房
(36) K・マコーバー/深田尚彦（訳）（一九八三）『人物画への性格投影』黎明書房
(37) 中井久夫（一九九八）「芸術療法の有益性と要注意点」徳田良仁・大森健一・飯森眞喜雄・中井久夫・山中

康裕『芸術療法1　理論編』二八～三八頁、岩崎学術出版社
(38) 中井久夫（一九八四）「精神分裂病者の精神療法における描画の使用」『分裂病（中井久夫著作集：精神医学の経験第一巻）』一八頁、岩崎学術出版社
(39) 秋谷たつ子（一九九〇）「図形テストと非構造性テスト：投映の理解と臨床マナー」土居健郎・他（責任編集）『テストと診断（異常心理学講座第八巻）』みすず書房
(40) 河合隼雄（編）（一九六九）『箱庭療法入門』一八～一九頁、誠信書房

Ⅲ　描画療法の研究

描画療法の初期研究

描画療法の研究前史

絵を描くことにより心が癒されることを最初に研究したのは誰なのでしょうか。人間が美術によって表現することの意味を考えた研究者をさかのぼっていくと、古代ギリシャ時代のプラトンまで行き着くでしょう。描画と癒しに関する研究は大きく分けて、自発的な描画と心理療法としての描画に分けられますが、その間に精神疾患をもつ人たちの描画という分野があり、この分野に関する研究は膨大なものがあります。そして今日の描画療法研究の原典がそこにあるともいえるでしょう。これを描画療法の研究前史ととらえ、概観しておきます。

精神疾患と描画については、たとえばルイス・ウェインのようにプロの画家が精神疾患に罹患したことで、作品にどのような影響が出るのか、あるいは絵を描くことが画家にとってどのような意味をもつのかということを調べる研究が中心でした。それは今日、病跡学という分野に洗練されて研究が積み重なっています。精神疾患の患者が画家であろうとなかろうと、絵を描く行為が症状に与える影響は本質的に違いはないでしょう。しかし、画家ではない、いわゆる一般の患者が自発的に描く絵に興味を向けたことが、描画療法の発展に貢献したことは間違いないでしょう。

初期の代表的な研究として、ドイツの精神科医ハンス・プリンツホルン（Prinzhorn, H.）が一九二二年に著した『精神病者の造形[1]（Bildnerei der Geisteskranken）』をあげることができます。その後ヨーロッパを中心に精神障害者の芸術表現に関する研究は数多くなされました。こういった芸術作品は「アール・ブリュット」（Art Brut＝生の芸術）あるいは「アウトサイダー・アート」などと呼ばれ、作品に対して精神病理学的に研究する学問として、表現精神病理学という分野が生まれました。一方で、これらの研究を通して、精神疾患をもつ人にとって絵を描くことは心を癒すような何らかの効果があるということがわかってきて、描画療法が誕生しました。この流れの詳細は、徳田[2]にまとめられています。

アメリカとイギリス

描画療法の初期の研究はほとんどが事例研究です。描画療法の確立に大きく貢献した代表的な研究者として、アメリカから二名、イギリスから一名紹介します。

アメリカのマーガレット・ナウムブルグ（Naumburg, M.）はなぐりがき法の開発者として有名ですが、アメリカでは芸術療法の母と呼ばれています。代表的な研究としては邦訳もされている『力動指向的芸術療法[3]』があります。精神分析学を基礎理論とした描画療法の理論説明と事例研究がなされており、事例はなぐりがきだけでなくさまざまな自由画がふくまれています。

オーストリアからアメリカに移り活躍したエディス・クレイマー（Kramer, E.）は、精神分析学を基礎理論としながらも、ナウムブルグとは異なるアプローチをとりました。芸術創作が潜在的に持っている治療的な力を重視し、防衛機制のなかの昇華という概念を用いて描画療法を理論化しました。代表的な研究として邦訳もされている『心身障害児の絵画療法』[4]があります。

イギリスのエイドリアン・ヒル（Hill, A.）は自身が結核の闘病中に絵を描くことで治療が促進した体験から、結核や精神疾患、その他の病気に対して絵を描くことが効果をもつことを提唱しました。イギリスではArt Therapyという言葉を最初に用いた人物とされています。研究はやはり理論研究と事例研究が中心で、『絵画療法』[5]という邦訳書もあります。

イギリスのエドワード・アダムソン（Adamson, E.）はヒルとともに描画療法の普及にはげんだ人物です。アダムソンはネザーン（Netherne）病院というイギリスの大きな精神科病院で働いていたこともあり、精神疾患に対する描画の治療効果に着目した人物でした。その研究の集大成は理論と事例という形で、ジョン・ティムリンとの共著『Art as Healing』[6]としてまとめられました。この書はユング派分析家のアンソニー・スティーブンスが序文を書いていますが、その中でスティーブンスは、アダムソンが患者の描画について患者本人が自身の力で創造的な可能性を発揮することを重視していることを指摘し、これをユングの考えと同じだと説明しています。

描画療法研究の初期においては、アメリカでは精神分析理論を背景として研究が進められたのに対して、イギリスでは解釈はせずに絵を描く行為そのものを重視したことが、両国における初期研究の違いといえます。

日本

日本における描画療法の芽生えは、精神科での作業療法にありました。一九世紀末にヨーロッパに留学した精神科医の呉秀三は作業療法を学び、帰国後に巣鴨病院での治療に取り入れましたが、その作業療法の中には絵画が含まれていたとの報告があります(7)。戦後、精神科領域における描画の研究が増えてきましたが、初期の研究は主に、精神疾患の患者による描画表現の研究と(8)(9)(10)、描画療法として治療を試みたものでした(11)(12)(13)。他の国にあまり見られない珍しい研究としては、幼児が自発的に絵を描かないことを問題と捉え、段階的に描画場面を設定していくことで絵を描けるようになることを示した、広田の研究があります(14)。これは「絵画による心理治療」というタイトルの論文ですが、臨床心理学・発達心理学・美術教育の知見を応用した独創的な研究といえます。

また、わが国のアウトサイダー・アートへの注目は、初期は主に知的障害児・者に向けられていました。描画ではありませんが、精神科医の式場隆三郎が山下清に関心を寄せ始めたのは一九三〇年代のことでした。一九三八年には心理学者の戸川行男が早稲田大学にて「特異児童作品展」を開きました。戸川はこれに先立つ一九三六年に「一技能に優秀な精神薄弱児の臨床例」[15]という論文を赤松、内田とともに発表しています。画家の西垣籌一は一九六四年に知的障害者更生施設にて絵画教室を始めています。大内[16]は昭和初期にわが国で知的障害児の芸術作品がどのように見られていたかを論考しています。わが国で描画療法について研究をするうえで、このような分野・テーマについて調べておくことも重要でしょう。

描画療法の近年の研究

介入前後の効果研究

近年は何らかの描画療法を用いて介入した場合の、前後の変化について検証する効果研究が中心となっています。各国の研究から新しいものをいくつか紹介します。

二〇一一年にマイク・クロフォードら[17]は、イギリスでＲＣＴ（Randomised Controlled Trial：無作為比較対象研究。実験群と統制群にランダムに振り分けられた患者たちを対象に、特定の療法の

■家族・社会

神谷悠介

ゲイカップルのワークライフバランス　男性同性愛者のパートナー関係・親密性・生活

ゲイカップルの仕事と家庭とは？ 生活者としての知られざる素顔をインタビュー。ギデンズを超えるLGBTの親密性論を提示する。

ISBN978-4-7885-1538-3　四六判216頁・本体2900円＋税

■文学・芸術・思想

S.クリッチリー／田中 純 訳

ボウイ　その生と死に

ボウイとは，彼の音楽とは，そのアートとは何かを改めて考えさせてくれる素晴らしい本（坂本龍一）。唯一無二のデビッド・ボウイ論。

ISBN978-4-7885-1554-3　四六判変型256頁・本体2000円＋税

村上克尚

芸術選奨（評論等部門）新人賞 受賞！

動物の声、他者の声　日本戦後文学の倫理

泰淳・大江・小島などの作品に現れた「動物」の表象を手がかりに戦後文学の陥穽を衝き，文学・共同体の再生を企図する力作。

ISBN978-4-7885-1537-6　四六判394頁・本体3700円＋税

J＝N.ミサ, P.ヌーヴェル編／橋本一径 訳

ドーピングの哲学　タブー視からの脱却

ドーピングは競争・向上をめざす近代スポーツが生み出した必然では？　撲滅できない根本原因を根底から問う問題提起の書。

ISBN978-4-7885-1546-8　四六判326頁・本体4300円＋税

■心理学

E.H.エリクソン／中島由恵 訳

アイデンティティ　青年と危機

アイデンティティの概念は私たちの人間理解に深く，大きな影響を与えてきた。世界中で読み継がれてきた名著の完全新訳！

ISBN978-4-7885-1549-9　四六判464頁・本体3300円＋税

横田正夫

大ヒットアニメで語る心理学　「感情の谷」から解き明かす日本アニメの特質

大ヒットアニメのストーリーや作画に共通する心理描写の特徴とは。作品の大ヒットを通じて見える現代社会の心模様も考察。

ISBN978-4-7885-1542-0　四六判192頁・本体1800円＋税

三ヶ尻陽一

新しい自然主義心理学　自然法則に従う人間モデルからの出発

心の営みは自然の現象である。頭の中のこの現象を1つのモデルからいかに説明できるか。心理学に新しいパラダイムをもたらす書。

ISBN978-4-7885-1548-2　四六判168頁・本体1800円＋税

■社会・思想・哲学

小熊英二
誰が何を論じているのか　現代日本の思想と状況

600 人を超える識者が書きつけた膨大な論考を読み解き，鋭利に論評。現代日本の課題へ独自の解を出し，未来への指針を示す。

ISBN978-4-7885-1531-4　**四六判 554 頁・本体 3200 円＋税**

津田大介・小嶋裕一 編
［決定版］原発の教科書

原発新増設が着々と進む今，推進・反対の二項対立を超え，正確な知識に基づく前向きな議論のための「原発問題」スタンダード。

ISBN978-4-7885-1536-9　**A 5 判変形 368 頁・本体 2400 円＋税**

桜井 洋
社会秩序の起源　「なる」ことの論理

複雑性理論で解く心と社会とは？　「する」から「なる」へ「主体と存在」の根源的転換をめざす。社会秩序の一般理論ついに成る。

ISBN978-4-7885-1547-5　**A 5 判 552 頁・本体 6500 円＋税**

倉田 剛

2 刷重版！
現代存在論講義 II　物質的対象・種・虚構

論理学を武器とする現代存在論の本格入門。中間サイズの物質的対象、種、可能世界、虚構的対象について論じる各論編。

ISBN978-4-7885-1544-4　**A 5 判 192 頁・本体 2200 円＋税**

植村玄輝・八重樫徹・吉川 孝 編著／富山 豊・森 功次 著　*好評 3 刷！*
ワードマップ　現代現象学　経験から始める哲学入門

“いまここ”の経験に留まりながら，真理・存在・価値・芸術・社会・人生をめぐる難問に取り組む新スタンダードテキスト。

ISBN978-4-7885-1532-1　**四六判 328 頁・本体 2600 円＋税**

信原幸弘 編
ワードマップ　心の哲学　新時代の心の科学をめぐる哲学の問い

心の哲学の主要な論争や思想的立場を，初学者に向け解説。脳科学や心理学など，近年進展めざましい心の科学の基礎を問う。

ISBN978-4-7885-1525-3　**四六判 320 頁・本体 2600 円＋税**

三浦耕吉郎・小川博司・樫田美雄・栗田宣義・好井裕明 編
新社会学研究　2017年　第2号　特集　映画を読み解く社会学

特集「映画を読み解く社会学」，公募特集「生活者の社会学」他，看取り・映画・ファッション誌・査読等を論じる連載を所収。

ISBN978-4-7885-1550-5　**A 5 判 226 頁・本体 1900 円＋税**

■新刊

Y.エンゲストローム／山住勝広 監訳

拡張的学習の挑戦と可能性 いまだここにないものを学ぶ

エンゲストローム『拡張による学習』の実践編。教育の場に限らず，銀行，ハイテク製造会社，病院，図書館など多岐にわたる領域にインパクトを与え続けている拡張的学習理論の具体的内容と到達点，未来への可能性を理解するための，必読の案内。

ISBN978-4-7885-1569-7　A 5 判 288 頁・本体 2900 円＋税

神田孝治・遠藤英樹・松本健太郎 編

ポケモンGOからの問い 拡張される世界のリアリティ

発売以来、世界中を魅了し，社会現象となったポケモン GO。AR や GPS を前提とするこのゲームは現代を理解するための恰好の題材でもある。哲学，社会学，観光学，メディア論など様々な領域の研究者がポケモン GO からの問い（挑戦）に真摯に応答する。

ISBN978-4-7885-1559-8　A 5 判 256 頁・本体 2600 円＋税

矢守克也

アクションリサーチ・イン・アクション 共同当事者・時間・データ

現場に要請され，問題解決に資する社会実践として，アクションリサーチはどうあるべきか。三つのキーワード――「共同当事者」「時間」「データ」――を軸に，洗練・発展・深化するアクションリサーチのロジックと実践を一望する。

SBN978-4-7885-1556-7　A 5 判 248 頁・本体 2800 円＋税

深谷直弘

原爆の記憶を継承する実践 長崎の被爆遺構保存と平和活動の社会学的考察

長崎の平和祈念像・浦上天主堂廃墟・城山小を初めとする被爆遺構はどのように建立・解体・保存されたのか。被爆体験のない市民や若者がなぜ平和活動に力を尽くすのか。被爆者調査と記憶研究を接続し「記憶継承の等高線モデル」を提唱して途をひらく。

ISBN978-4-7885-1579-6　A 5 判 256 頁・本体 3500 円＋税

山本 馨

地域福祉実践の社会理論 贈与論・認識論・規模論の統合的理解

社会福祉政策を超える萌芽は，豊饒で多様な地域福祉実践のなかにすでにある。モース，シュッツ，ダールを援用した先進事例の三類型とその統合的理解によって，日本固有の福祉レジームというべき霊的な幸福を追求する，地域福祉政策の未来像を構想。

ISBN978-4-7885-1573-4　A 5 判 272 頁・本体 4200 円＋税

効果を比較する方法）による大規模な研究によって、統合失調症に対する集団描画療法の効果を検証しました。この研究では四一七人の統合失調症の患者を三群に分け、そのうちの一群には二年間にわたる集団描画療法を週一回のペースで行いました。二年後に統制群と比べて精神健康度が向上したか、さまざまな指標を用いて調べましたが、有意差はみられませんでした。

二〇〇六年にフェイ・ジョーンズら[18]は、イギリスで精神的な問題をもつ五人の老人に対して、自宅で描画療法を行うことの効果を報告しました。インタビューによって効果を検証しましたが、自宅での描画療法は、老人にとっても同居する介護者にとっても、自信とモチベーションが向上するという効果をもっていることがわかりました。

二〇一一年にニノスラブ・ミミカら[19]は、クロアチアで認知症の患者に対する描画療法の効果を報告しました。これは単一事例研究ですが、描画療法により行動が大きく改善されたことを述べ、認知症への薬物療法に比して描画療法が安全で効果が高いことを強調しています。

二〇一一年にジョアンヌ・ミュラーら[20]は、南アフリカでＨＩＶに感染している二九七人の子どもたちを対象に、準実験（疑似実験）計画で描画療法の介入効果を検証しました。準実験とはquasi-experimentと呼ばれる実験計画法で、純粋なＲＣＴが難しい場合に、ＲＣＴに近い形で群分けなどの統制を行うやり方です。この研究では学校を舞台にしているため、ランダム化した群分けは倫理上に問題があるとして、任意のクラス分けによる群分けを利用しています。

結果として、描画療法のプログラムに参加した群は統制群に比べて、自己効力感が有意に高くなりましたが、自尊感情、抑うつ、情動／行動的な問題については有意差がみられませんでした。

二〇一〇年にエドワード・ヒューズら[21]は、カナダで不妊症（不妊症の中でも自然妊娠の可能性のあるsubfertility）の患者を対象として、描画療法の効果を調べました。描画療法のグループに参加した二一人の女性患者は、参加前後で無力感、抑うつが有意に減少していました。一方で不安は有意差がありませんでした。この研究ではインタビューによる質的な検討もしており、このグループが患者にとって洞察的で、力強く、楽しいものであったことも述べられています。これは統制群のない、介入群のみの研究でした。

二〇〇一年にリンダ・チャップマンら[22]は、アメリカでＰＴＳＤの子どもに対する描画療法の効果を検証しました。ＰＴＳＤの治療効果について実験群と統制群の間に統計的な有意差はみられませんでしたが、急性ストレス症状については明確な効果がみられたことが報告されています。

最後に日本の研究として、川久保・内田・小泉[23]の研究を紹介します。これは看護領域における研究で、認知症高齢者に実践した「絵画療法プラン」の効果を報告したものです。五名の認知症高齢者を対象に、週一回、約六〇分間を一二回行う描画療法を実施し、実施前後での変化を日本語版 BEHAVE-AD（アルツハイマー病の周辺症状を測定する尺度）などを用いて測定し、実施の効果を検証した研究です。この結果、「周辺症状」、「介護ストレス・疲労の様子」、「趣味・生きがいの実現」、「役割発揮の有無」の改善があったことと、「制作への自主性」や「他人の作品を褒める」などの肯定的な行動や言動がみられたことが示されました。この研究は参加者が五名と少なく、統計的な有意差の分析はなされていませんが、五名の症例それぞれについて具体的な反応が細かく報告されています。

なお、アメリカ芸術療法学会（ＡＡＴＡ）が、芸術療法の主要な効果研究をまとめた「芸術療法効果研究参考文献一覧二〇一七年版」（Art Therapy Outcomes Bibliography）および、主要なアセスメント研究をまとめた「芸術療法アセスメント研究参考文献一覧二〇一八年二月版」（Assessment Bibliography）をウェブサイト上で公開しています[24]。描画療法の研究をする方は一読されることをお勧めします。効果研究の一覧はテーマ別にまとめられていますが、主だったところを紹介すると「ＡＤＤとＡＤＨＤ」「ＡＳＤ」「悲嘆」「医療」「通院」「入院」「学校」などです。

効果研究のメタ研究

レイチェル・ルディら[25]は二〇〇九年に、描画療法が統合失調症の治療に効果をあげているかどうか科学的に検証をするために、メタ研究を行いました。彼女たちが選んだ六一編の論文において、近年、治療効果を実証するための一般的な方法として精神医学や臨床心理学で採用されているＲＣＴを採用していた論文はわずか二編しかありませんでした。それらの研究においては、描画療法の効果がわずかにみられていましたが、ほとんどの尺度では芸術療法群と統制群の間で有意差がみられていませんでした。この研究が指摘している大事なメッセージは、描画療法の分野でＲＣＴが圧倒的に少ないということと、ＲＣＴは十分可能な分野なので、これからはＲＣＴを用いた研究がもっと必要だということです。

描画療法のこれからの研究

手法について

これまで見てきたとおり、諸外国でもわが国でも、描画療法の研究はかつては治療によってどのような変化が現れたかを、エピソード的に記述して理論的な考察を加える事例研究が中心でした。そして近年は治療の効果を客観的な指標を用いて実証しようとする研究が中心になっています。しかし統制群を設定しない介入群のみの研究で、介入前後での効果検証にとどまる研究が依然として多くみられます。現在、メンタルヘルスの分野での研究は国際的に、ＲＣＴ

が標準となっており、ＲＣＴで効果を実証できない治療法は淘汰されていく可能性もあります。また、作業療法と心理療法の違いを明確にするためにも、心理的な健康度の維持や上昇を証明していくことがこれからの描画療法研究において重要になっていくと思われます。さらに、方法としてＲＣＴやそれに近い方法を採用するだけでなく、効果を実証する尺度（従属変数）として、心理学的な質問紙に加えて、神経生理学的なデータを計測することも重要になっていくでしょう。ＲＣＴによる研究計画の立て方は、ハーレィ・他／木原・他（訳）『医学的研究のデザイン[26]』などを参照してください。

しかし一方で、心理療法の効果は厳密な統制研究のみでは計れない要素もあります。加えて、研究手法には流行もあります。心理療法の研究者は、治療効果の実証のために常にさまざまな研究手法を幅広く選択できる能力が必要でしょう。別の言い方をすると、同分野の研究者や、行政・製薬・保険業の関係者などから評価を受ける研究をめざすだけではなく、心理療法を受ける人たちが得られる利益を多くすることを目的にした研究をめざすことも大事でしょう。一見当たり前のことのようですが、実際に研究に取りかかるとどうしても研究者側の価値観が優先されがちです。良い研究をするためには、複数の人から批判的に研究をみてもらうことが欠かせません。

テーマについて

描画療法はこれまでさまざまな手法、対象について研究が進められてきました。全く手つかずのテーマというのは無いように思いますが、これからさらに深めていくことが求められているテーマについて、私見を述べます。

まず「絵を描くことでなぜ治療になるのか」という根本的なメカニズムの解明です。香月[25]は「臨床場面における描画の有効性」として、二九点をあげました。こういった研究を足がかりに、これまで述べられてきたさまざまな有効性について、最新の心理学理論や生理学理論などから治療メカニズムを解明していくことは、クライエントへの説明に大きく寄与します。また新しい描画療法の誕生にもつながります。たとえばＤＮＡ研究はここ十年で格段に進展しました。これに伴い、進化心理学も新しい知見を多く生み出しています。人が絵を描くという能力は、自然淘汰の中で必要な機能として残ってきたと考えることができますが、なぜ適応のために必要な機能なのかを考えていくことなどは、新しい研究テーマといえるでしょう。同様の発想として、最新の精神分析理論から描画療法を再考するというテーマもあります。描画療法は精神力動的な視点から治療効果を説明されることが多かったですが、精神力動理論はアントニオ・ダマシオ（Damasio, A.）の無意識研究[26]や、生理学的な実証データをもとに展開した多くの発達心理学研究（たとえばコールウィン・トレバーセン〔Trevarthen, C.〕の一連の研究）などによって、新しいエビデンスが追加されてきました。ここから再度描画療法のメカニズムを見直す研究はすでに始まっていますが、これからますます重要になるでしょう。

次に「発達障害と描画療法」というテーマを挙げます。発達障害の研究が近年世界中で注目されて膨大な数の論文が発行されていることは言うまでもありませんが、描画療法の研究は発達障害研究に大きな一石を投じることができるのではないでしょうか。先述のとおり、わが国のアウトサイダー・アート研究は知的障害児・者の作品から始まっています。当時の知的障害児・者の中には当然、より広い意味での発達障害児・者が含まれていたでしょう。とくに自閉傾向を持つ人の描画は、鑑賞者の関心を強くひく独特の表現が多く含まれることは、よく知られていることです。しかも自発的に好んで特定の絵を何度も描く、いわゆるこだわり行動として描画を行う人も多いです。たとえば自閉症や自閉症スペクトラム障害に的を絞り、「なぜ描くのか、何を描くのか」を近年積み上げられてきた発達障害研究を参考にしながら考察することは、自閉症の心理メカニズムを説き明かすことにも貢献しますし、描画の治療機能を的を絞って解明することにも役立ちます。さらに、この研究は「果たして障害とは何なのだろうか」という大きな命題への考察にもつながり、特別支援教育におけるノーマライゼーション、インクルージョンということにも手を伸ばしていける研究テーマです。

「家族描画療法」というテーマもこれから重要になるのではないでしょうか。ファミリー・

アートセラピーは海外では実践や研究が多い手法ですが、わが国では比較的実践が少ない分野です。国際的には家族療法はコスト・パフォーマンスの良い心理療法として注目されています。言語を中心とした個人療法で効果が表れにくい患者に対して、芸術療法や家族療法を取り入れることで効果が上がるのでしたら、その療法を混合するという発想はもっと積極的に進めていって良いように思います。あるいは家族療法の効果が見込めるのですが、言語中心の家族療法に抵抗を示す家族に対して、家族描画療法は効果を上げやすいという仮説も立てられます。鈴木[27]のガイドラインなどを参考にしながら、実証的な研究が出てくることを期待したいです。

最後に、「コンピュータを用いた描画療法」の研究がもっと増えることを期待します。描画療法をはじめとした芸術療法全般において、人間の生（なま）の体験を重視することは大切ですが、そのため機械の介入は敬遠されがちなように思います。芸術療法に機械を用いることは、たとえば音楽療法ではさほど違和感はないでしょうが（電子ピアノやエレキギターなど）、描画療法においては違和感をもたれやすいでしょう。それは一つには、できあがった作品の人工的な印象によるものでしょう。あるいは、手の動きと作品の間に、いくつものフィルターが入る感覚があることによるものでしょう。たとえばペンタブレットとグラフィックソフトを使って絵を描くと、視覚や触覚、あるいは嗅覚を通して脳にフィードバックされる情報は、紙に絵の具やクレヨンを使って描いたときのそれに比べて大きく異なります。しかしその「異なり」を

「劣り」と見るかどうかは、価値観によるものです。

コンピュータを使った描画のメリットは数多くあります。たとえば道具の準備がいらないので手間や消耗品代がかからない、さまざまな（疑似）道具が使える、間違えたら直せる、汚れない、などです。こういったメリットがあることから、すでにプロ作家の中ではコンピュータグラフィックはポピュラーになっていますし、仕事ではなく趣味で絵を描く人の間でもポピュラーです。むしろプロよりアマの間で重宝されていると言ってもよいでしょう。

ここに描画療法としての活用のヒントが含まれています。表現したい欲求はあるけど、絵を描くことに苦手意識を持っている人に対し、コンピュータを用いた描画は多くの安全性を提供してくれます。精神療法において安全性がいかに重要であるかは言うまでもありません。紙に画材を使って絵を描く描画療法とコンピュータにタブレットやマウスを使って描く描画療法のメリットとデメリットは、表裏一体の部分もあるでしょう。このテーマについてこれからの研究者たちが意欲的に取り組んでいってくれることを期待しています。

文献

（1）Prinzhorn, H.（1922）*Bildnerei der Geisteskranken: Ein Beitrag zur Psychologie und Psychopathologie der Gestaltung*. Springer.

（2）徳田良仁（一九九八）「精神医学と芸術療法」徳田良仁・大森健一・飯森眞喜雄・中井久夫・山中康裕（監修）『芸術療法1　理論編』岩崎学術出版　一一～二七頁
（3）M・ナウムブルグ／中井久夫（監訳）（一九九五）『力動指向的芸術療法』金剛出版
（4）E・クレイマー／徳田良仁・加藤孝正（訳）（一九八〇）『心身障害児の絵画療法』黎明書房
（5）A・ヒル／式場隆三郎（訳）（一九五五）『絵画療法』美術出版社
（6）Adamson, E.（1984）*Art as healing*. Coventure.
（7）三脇康生（二〇一三）「『治す』という概念の考古学」川田都樹子・西欣也（編）『アートセラピー再考：芸術学と臨床の現場から（心の危機と臨床の知第一四巻）』平凡社　二七～四九頁
（8）中川保孝（一九六〇）精神病者の絵画の研究（附・絵画療法）『東京慈恵会医科大学雑誌』第七五巻
（9）入江是清（一九六六）精神分裂病者の絵画に関する臨床精神医学的研究　自由画、ワルテッグ描画テスト、絵画療法『東邦医学会雑誌』第一三巻　二一七～二三五頁
（10）高江洲義英（一九七六）精神分裂病者の風景画と「間合い」『芸術療法』第七巻　七～一六頁
（11）徳田良仁（一九七六）芸術療法を通じてみた創造と表現の病理『精神医学』第九巻　三五七～三六三頁
（12）中井久夫（一九七〇）精神分裂病者の精神療法における描画の使用『芸術療法』第二巻　七七～九〇頁
（13）山中康裕（一九七〇）学校緘黙症児の治療と、その〈こころ〉の変容の過程について：Sandspiel（Kalff）および、絵画のユング的分析を通して『名古屋市立大學醫學會雜誌』第二一巻　一七五～一八九頁
（14）広田実（一九六六）絵画による心理治療『金沢美術工芸大学学報』一〇号　一八～三一頁
（15）赤松保羅・内田勇三郎・戸川行男（一九三六）一技能に優秀な精神薄弱児の臨床『PHILOSOPHIA 哲学年誌』

六号　一八五～二一八頁
（16）大内郁（二〇一〇）昭和一〇年代「特異児童作品展」と同時代の「能力」言説：試論『千葉大学人文社会科学研究』二一号　六二～七四頁
（17）Crawford, M. J. et al.（2011）Group art therapy as an adjunctive treatment for people with schizophrenia: Multicentre pragmatic randomised trial. *British Medical Journal, 344*, e846.
（18）Jones, F., et al.（2006）Home-based art therapy for older adults with mental health needs: Views of clients and caregivers. *Art therapy: Journal of the American Art Therapy Association, 23*, 52-58.
（19）Mimica, N. & Kalini, D.（2011）Art therapy may be benefitial for reducing stress--related behaviours in people with dementia-case report. Psychiatr Danub, 23, 125-128.
（20）Mueller, J.（2011）A quasi-experimental evaluation of a community-based art therapy intervention exploring the psychosocial health of children affected by HIV in South Africa. *Tropical Medicine and International Health, 16*, 57-66.
（21）Hughes, E. G. & da Silva, A. M.（2010）A pilot study assessing art therapy as a mental health intervention for subfertile women. *Human Reproduction, 26*, 611-615.
（22）Chapman, L., et al.（2001）The effectiveness of art therapy interventions in reducing post traumatic stress disorder（PTSD）symptoms in pediatric trauma patients. Art therapy: Journal of the American *Art Therapy Association, 18*, 100-104.
（23）川久保悦子・内田陽子・小泉美佐子（二〇一一）認知症高齢者に対する「絵画療法プラン」の実践と評価『北

関東医学』第六一巻　四九九～五〇八頁
（24）American Art Therapy Association　https://arttherapy.org/
（25）Ruddy, R. & Milnes, D.（2005）Art therapy for schizophrenia or schizophrenia-like illnesses. *Cochrane Database of Systematic Reviews, Issue 4*
（26）S・B・ハーレィ・他／木原雅子・木原正博（訳）（二〇一四）『医学的研究のデザイン：研究の質を高める疫学的アプローチ』第四版　メディカル・サイエンス・インターナショナル
（25）香月菜々子（二〇〇九）『星と波描画テスト：基礎と臨床的応用』誠信書房
（26）A・R・ダマシオ／田中三彦（訳）（二〇〇三）『無意識の脳自己意識の脳：身体と情動と感情の神秘』講談社
（27）鈴木恵（二〇〇九）ファミリー・アートセラピーの研修方法と実践『臨床描画研究』第二四巻　三九～五五頁

Ⅳ 描画療法の実践

実践方法

個人描画の場合

個人療法は一対一のカウンセリングのなかで実践します。カウンセリング室内や診察室で描いてもらうことが原則になりますが、状況に応じて自宅で描いてきてもらうこともあります。道具としては画用紙（B４判、A３判など）、鉛筆（４B）、消しゴム、クレヨン、クレパス、色鉛筆、水彩絵の具、クーピーペンシルなどは準備しておいたほうがよいでしょう。

集団描画の場合

集団療法は通常決められた描画療法セッションとして構造化され行われます。週一回程度で五～一二人程度の集団が望ましいでしょう。集団が大きいほどセラピスト数も必要になりますが、通常はチーフセラピストおよびコセラピストの二人は最低必要です。さらに病院であれば看護師や作業療法士などの職種が加わり、他の治療法と連携するために情報交換に努めます。場所は集団が集えるスペースが必要なため、ホールやデイルームで行われることが多いでしょう。道具としては画用紙（B４判、A３判、八つ切りなど）、色画用紙、模造紙、鉛筆（４

B)、色鉛筆（16色）、消しゴム、画板、クーピーペンシル、水彩絵の具、クレヨン、クレパス、ブロッククレヨン、コラージュ用の雑誌やハサミ、糊などが必要です。導入のためセッション前に身体ほぐし体操をしたり、簡単な挨拶や説明をします（左手で好きな色を自由に描いてもらう方法などをウォーミングアップとして行うなどの方法もあります）。次に本セッションへ入ります。本セッションではセラピストによりその日の描画のテーマやヒントを提示して描いてもらいます。セッション後は参加者一同でシェアリングをして終了になります。集団描画療法の実際の例は三六〜四一頁「集団描画療法」を参照してください。

適応と導入方法

カウンセリングは言語で行うのが一般的ですが、言語のみではカウンセリングが難しい場面に描画療法を導入します。特に子どもは言語の発達が未熟なため、面接のみでは難しく、遊戯療法が用いられます。遊戯療法は遊びの中の象徴的言動を通して問題解決の道をたどりますが、その一技法として絵を描く描画療法があげられます。年齢が高くなるにつれ、絵を描くことへの苦手意識が出てくるため、描画は幼児から小学校低学年の子どもには導入しやすいと言えましょう。もちろん高学年でも絵を描くことが好きな子どもはいますので、「絵を描いてみましょうか？」と提案し本人の同意が得られれば導入します。他の芸術療法も同様ですが、拒否された場合は実施しないでください。

大人のカウンセリング場面においては、言語があまりに多すぎて、なかなか問題の核心に至らない人に導入すると有用です。自分の問題に気づくことが怖くて（防衛が働いて）ひたすら話し続けるクライエントがいます。描画の遊びの要素を生かして「気分転換に絵でも描いてみましょうか」などと話し、同意が得られたら導入します。クレヨン・クレパスの好きな色を選んでもらい、好きな線を描いて遊んでもらうことでよいでしょう。堂々巡りの膠着した治療場面を展開するのに役立ちます。

また逆に言葉がほとんど出ずに、なかなか面接が展開しない人に導入します。このようなクライエントは問題の整理がつかずに悶々とした心理状態であるかもしれません。「今のもやもやした気持ちを絵で表現してみませんか？」などと働きかけ同意が得られたら導入します。今の気分に合うクレヨン・クレパスの色を選んで、今の気持ちにぴったりの線を描いてもらうことでよいでしょう。ぐちゃぐちゃな線、ギザギザな線、力あふれる激しい線、よわよわしい線、ひょろひょろの線、消え入りそうな線、などなど、それぞれの線に心理状態が投映されています。それだけでもクライエントの状況が把握できます。

神経症やうつ病、適応障害などの精神疾患を抱えたクライエントにも適応できます。しかし疾患の度合いにより注意を要します。基本的には自我機能がしっかりしていて、生活が自立できていることと、治療のために絵を描くことへの同意が必要です。このような場合「絵は好きですか？　それでは絵を描いてみませんか？」などと働きかけてみます。同意はしても少し躊躇しているような時はスクイッグル法などセラピストも一緒に参加することで導入しやすくなります。また当初はテーマを与えて描いてもらうテーマ描画（課題画）のほうがイメージが湧きやすいため描きやすいでしょう。

前述したとおり、統合失調症やうつ病、双極性障害へも適応できますが、症状がある程度コントロールできることと、絵を描くことへの同意が必要です。症状にクライエントが圧倒されているような場合は禁忌となります。特に統合失調症の急性期状態や、うつ病で希死念慮が強い時期、双極性障害で躁状態が強く自己抑制ができない時期は禁忌です。このような重篤な精神疾患を抱えたクライエントのカウンセリングでは、主治医と連絡してセッションを進めることが望ましいでしょう。

自由画の実践方法

自由画とはセラピストのほうから課題を与えずに、クライエントの創造性にまかせて自由に描いてもらう描画法です。自由画はその名のとおり自由度が高く、クライエントの創造性や遊び心を刺激し治療効果も上がりますが、治療初期や抵抗が強い場面では逆に描くことが難しい場合もあります。一方でテーマ描画（課題画）は導入しやすく、またセラピストの意図的な枠づけによってクライエントの一定の側面をかいま見やすくします。受身的なクライエントにとってはテーマ描画を好む場合もあります。しかし創造的で活動的なクライエントにとっては退屈になったり窮屈に感じる場合もあるでしょう。

以上のような特性から治療の進展状況によりうまく描画法を使い分けることがよいでしょう。一般に自我の健康度が高い健常者や神経症者、軽い不適応レベルのクライエントなどは自由画を多く用いることができます。自我の統合性がより脆弱なクライエントや重い障害をもつクライエント、精神病レベルのクライエントなどはいきなり自由画を用いるよりは、テーマ描画やスクイッグル、コラージュなどのセラピストのかかわりや枠づけが多い療法から徐々に導入していくほうが望ましいでしょう。そして徐々に自由画を用いることで、さらにクライエントの個性や創造性を引き出すことができます。これは描画療法を進めるうえで自然な流れだといえます。さらには自由画の中で、クライエントの内的創造性を生き生きと表現させ、その象徴機能を成長・発展させていくことが非常に重要なことになります。

自由画はクライエント－セラピストの治療関係が、信頼感に基づいた安定した時期に行われるのが望ましいでしょう。そのため治療当初は前述したようにテーマ描画やスクイッグル法など他の描画法より開始する場合が多いでしょう。そしてクライエントがもっと自由に描画行為をしたいと感じられる場合や、一連のテーマ描画では物足らなく感じられる場合は自由画へ導入する好機でしょう。

［自由画の適応例］

通常、開始するにあたってはクライエントが描画療法の適応があるかを査定する必要があります。自由画は重篤な急性精神病レベルのクライエントや躁状態の極期、自我が脆弱で不安が強いクライエントには不適応です。一定の神経症水準であれば小児、思春期例や成人のクライエントへも広く適応できます。うつ病、適応障害、てんかん、摂食障害、精神遅滞、発達障害、また慢性期の統合失調症へも治療関係ができていれば適応可能です。小児であればカウンセリングの目的が明確にされていない場合もありますが、通常は言語的カウンセリングと同様に解決すべき問題や、乗り越えるべき課題を明確化しておくほうが望ましいでしょう。しかし精神科病院などのクライエントはうつ病、適応障害、精神病などの病の治療や、自我を回復するための援助として用いられます。精神科病院での治療は薬物療法が併用されることが多いでしょう。

また重要なのはクライエントが描画にうまく乗ってこられるかということです。絵が好きな、好奇心旺盛なクライエントであれば問題なく導入できますが、絵に苦手意識を持っていたり、描画行為が億劫であったりでは導入は難しいでしょう。このような場合は塗り絵や写生、あるいはテーマ描画などから導入してみるほうがいいでしょう。

［教示法］

自由画の導入が適当だと判断したら、「自分の描きたいものを自由に描いてみましょう」などと切り出してみます。場合によってはクライエントのほうから自発的に始めることもあります。このような場合は治療によって、何らかの変化が起きていることを意味します。したがってこのような行動をきちんと受けとめることが大切です。言語的な行き詰まりが起きているのか、あるいは言語だけでは表現しえない無意識の心理的事象が湧き上がってきているのかなど、さまざまな状況が考えられます。

セラピストはその状況を意識しつつ、描かれた自由画を受けとめていきます。そうすることで治療の流れの中で自由画での描画療法が始まっていきます。通常はカウンセリングのセッション内で描画療法を行いますが、他の治療法（言語的カウンセリングや薬物療法など）を行っているうちに自由画を持参してきた場合、筆者は宿題形式で自宅にて描いてもらい、セッションの場ででき上がった作品を見せてもらうという形式で描画療法を行うことがあります。その実践例を一一八～一三二頁「自由画の実践事例」で後述します。

課題画（テーマ描画）の実践方法

描画療法と一口にいってもクライエントの年齢や抱えている病の程度（神経症水準から精神病水準までかなり幅が広い）、目標とする解決レベル（治療目標）はどこまでかなどによって、その適応方法やどのような技法を選択するのか異なってきます。一般にカウンセリング初期には課題画やイメージ画、スクイッグル法など、セラピストがうまくかかわりリードしていくほうが導入は容易でしょう。課題画とはセラピストのほうからあるテーマを与えて、そのテーマよりイメージを膨らませて描いてもらうものです。イメージ画については二八頁を、スクイッグル法については二九頁を参照してください。

テーマの例としては「人物」「山・道・家」「マルと家族」「木」「家・木・人」「橋のある風景」「虹」「ふるさと」「春」「夏」「秋」「冬」などさまざまです。治療初期には描きやすい具体的なテーマがよいでしょう。さらにセッションが深まっていくに応じてより抽象的なテーマを使うとよいでしょう。「家族」のテーマは家族間の葛藤をもつクライエントにとっては問題を表出してしまうため取り扱いには注意を要します。テーマはその時々によってさまざまでよいのですが、ある決まったテーマを循環的に繰り返し用いたり、節目に用いたりすると前回の同じテーマと比べてどのように変化しているか確認することができ有用です。一三三〜一四一頁「課題画の実践事例」で、実践例を後述します。

描画にはクライエントの心理状況が如実に表されることは周知のとおりですが、治療においてはそれを言葉で解釈したり、解説したりすることは原則しません。そうすることは逆にクライエントの防衛や拒否感を強めたり、意図的な加工を招くことがあるために治療的ではないからです。しかしセラピストがクライエントの作品その他から、その心理状況を十分把握しておく必要があります。テーマによってはクライエントの一定の側面が映し出されやすいものがあります。そのためテーマ選択にあたってはそのようなテーマを必要に応じて用いるとよいでしょう。以下にいくつかのテーマの説明をします。

［人物］

このテーマは広く描画テストとしても用いられています。その名のとおりクライエントが人間をどのようにとらえているのかが表現されます。多くの場合、クライエントの自己像が投映されることが多く、年齢相応の同性の人物像が描かれます。しかし予想に反してクライエントよりもずっと幼い人物像が描かれたりすると、クライエントは退行状態にあることが推測されます。子どものクライエントでは自分のあこがれの人物像（アニメ・マンガの主人公など）を描いたり、摂食障害のクライエントはナルシステックセルフイメージを投映したと思われるようなモデルの女性像やお姫様などを描くことがあります。また、病態水準がより重篤な統合失調症などの場合、人物像を描けなかったり、描いても手足がなかったり、人の顔が描かれなかったりすることがあります。そのような場合、クライエントは自我同一性の危機的状況にあることが予測され、描画療法は注意深く観察しつつテーマ描画などの枠づけを行って進める必要があります。病状悪化が予測される場合は描画療法を中止することもあります。

このように「人物」画はクライエントの発達段階、退行水準を推測することができ、対人関係では無意識の欲求、葛藤、防衛機制や人格特性を把握しやすいテーマです。

［山・道・家］

これは山と道と家を用いて風景を描いてもらうものです。このテーマは社会と自己の関係性をみるのに役立ちます。家は自己の在りようを表しやすく、山は社会や将来乗り越えなければならない障壁を表しやすいと考えられます。そして道のつながり具合によって、クライエントの社会との接点や関わりよう、つまり社会と自己の関係性が表されます。このテーマによって描かれた心の風景の中に、クライエントは自閉的な殻に引きこもっているのか、社会との関係性を保とうとしているのか、社会の中の状況をどのように深刻にとらえているのかなどが読み取れます。

［マルと家族］

岩井ら(1)によって考案されたテーマです。「マルを使って家族を描いてください」または「マルの要素をどこかに表現しながら家族を描いてください」と教示します。

家族画はクライエントの心に映っている家族像、家族関係、家族の中のクライエントの位置、家族に対する感情を知ることができます。家族のテーマは、クライエントによってはストレスフルな状況を想起させやすいかもしれません。そのためマルという要素と組み合わせることにより、直面化や緊張をやわらげて描きやすくします。多くの場合、家族関係はクライエントの人格形成にたくさんの影響を与えます。またクライエントが抱える問題の原因であることもあるでしょう。家族間の微妙な関係性が家族画には投映されやすく、クライエントによっては問題に直面化させられることにもなります。力のあるクライエントや、治療やカウンセリングが進展してきている場合は、家族描画が新たな展開をもたらすきっかけになったりすることもあるでしょう。

［木］

「木」のテーマも「人物」同様に自己像が表出されやすい課題画です。木の描画はバウムテストとして確立されているため、さまざまな側面が理解しやすく、また施行も容易なテーマです。

描かれた絵を解釈するにあたっては全体としてどのような印象をもつのかという全体的評価をまず行います。次に絵のサイズや木の大きさ、筆圧、画用紙のどの位置に描かれたのか、描線の性質がどのようであるかなどの形式的分析を行います。そして最後にどういう種類の木なのか、どのように生えているどのような形状の木なのか、描かれたものはどのような象徴性をもっているのか、などの内容分析を行います。なお基本的にこの順序は他の描画解釈においても同じです。「木」の描画解釈にあたっては以下の書籍が参考になるでしょう。

C・コッホ『バウム・テスト：樹木画による人格診断法』(2)
高橋雅春・高橋依子『樹木画テスト』(3)
K・ボーランダー『樹木画によるパーソナリティの理解』(4)

その他さまざまなテーマ描画が活用されていますが、クライエントの個性や置かれた状況、季節や場所に関連するもの、言語的話題に上ってきたテーマに関連するものなどで自由に提示することができます。一般にテーマはクライエントにとってなじみのある、楽しんで描けるものが望ましいでしょう。

自由画の実践事例

筆者は精神科医師として、あるボーダーライン心性をもった女性クライエントと描画療法を行ってきました。情緒の不安定性や気分変動がみられたために薬物療法を併用しながらですが、主に自由画を用いて治療しました。

事例は初診時四〇歳代の女性クライエントで、名前は仮にハナエさんとします。

〔主訴〕

家に帰るのが怖い。

〔生活歴〕

ハナエさんは東京近郊で生まれました。三歳年上の兄との二人兄妹。父親は事業を失敗し借金を重ね、X−3年に死亡しました。母親は専業主婦でしたが強迫傾向が強かったようです。現在は老人ホーム入所中です。兄とは疎遠でほとんど行き来はありません。ハナエさんは美術短大卒業後アルバイトに数年従事しました。その頃より同棲し二九歳で入籍しています。しかしX年一月、病気治療中でしたが四〇歳代で離婚しました。趣味は現代詩。時々イラストを描くアルバイトをしていました。

［病前性格］

繊細、頑固、人に対し強気とのこと。

［現病歴］

二五歳頃より歯痛を訴えドクターショッピングが始まりました。原因は不明でしたが二九歳頃より落ち着いたといいます。X−5年、うつ状態のため精神科のAクリニックを受診し外来治療を続けました。X−3年に父親が死亡してから不安感が増強しました。X−1年に当時つき合っていた愛人と別れてしまい、一二月に過量服薬をしました。翌X年一月、躁状態になり離婚しています。そのことで今度は後悔しはじめうつ状態になり、家に帰るのが怖いと訴え、希死念慮が出現しました。また不安感、焦燥感が増強したため、元夫と共に筆者が勤めるW精神科病院を受診してきました。

［初診時所見］

ハナエさんは生気なくうつむき加減で、不安感が強く「怖い怖い」とつぶやいていました。また感情失禁がみられました。抑うつ気分、イライラ、焦燥感がみられ、面接中もタバコを吸いたがりました。左手首にはリストカット痕を認めました。面接により自傷行為や衝動性、生きることへの空虚感を認め、対人関係の不安定さも強く、診断は情緒不安定性パーソナリティ障害としました。さらに周期的なうつ状態や軽躁状態を認め、双極性感情障害の合併診断としました。

以上のような症状よりハナエさんは入院を希望したため、うつ状態や不安感などの軽減と衝動性のコントロール目的にて入院になりました。

［初回入院時より描画療法開始時まで］

X年二月にW病院へ入院し、薬物療法と支持的精神療法を行いました。当初ハナエさんは元気なく入浴にも介助が必要でしたが、入院六日目に突然退院を希望してきました。希死念慮は否定しましたが表情が冴えず退院は思い留まってもらいました。しばらくして表情が和らぎ今度は外泊を希望してきたため、元夫同伴で一泊外泊を行い、無事帰院してきました。その後は元夫との距離をとり自立するため二週間に一度外泊を繰り返していきました。

面接では、兄は全く頼りにならないこと、これまで三度浮気をしたこと、一日二回元夫へ電話していること、罪悪感を抱いていることなどを話しました。二〇歳代の頃は口腔心身症でしたが入籍したこととイラストレーターになったことで安定したと述べました。しかし自暴自棄な生活や浮気により自我拡散状態になったことが示唆されました。入院中も元夫に復縁を迫ったものの全く受けつけてもらえませんでしたが、それ以外の面で元夫は非常にサポーティブでした。このようなハナエさんに対し楽しいことを見出すように提案したところ、趣味にしている詩を書いてくるようになりました。

X年四月、突然離院し、数日後に元夫、兄に付き添われて帰院してきました。面接日以外に主治医の面接を希望したにもかかわらず面接が受けられなかったためでした。その後の面接で見捨てられ不安が高まった時いかに我慢するかが今後の課題であることを確認しました。その頃「たかがすみれの春　されど小さき嘴のすみれにかさなり　精霊の降りるを見る春」と詩作しています。X年七月、W病院を退院し、再びAクリニックのB医師のもとへ通院しました。

その後過量服薬のためX年九月から一二月まで二回目の入院をしました。X＋1年一月、突然筆者の外来を受診してきて、外来主治医のB医師が一回もこちらを見てくれなかったと言ってB医師の元へ戻ろうとしませんでした。その後B医師と筆者との話し合いの後、今後は筆者が外来で治療をすることになりました。週一回、約一〇～一五分ほどの一般外来にて薬物療法を併用しながら治療を続けました。X年二月、中原中也『月夜の浜辺』、大江健三郎『われらの狂気を生き延びる道を考えよ』を外来面接で朗読しています。この頃、筆者の同意のもとでときおり女性心理士にカウンセリングを受け始めました。「私はいつも悲しいんだ」と言ったら、カウンセラーに「悲しいということは何かをあきらめ続けていること」と言われ、自分は全く無駄に生きたわけではないのかと思い、本を読む気力につながったと述べました。このカウンセリングは断続的に数年続けられました。

［X＋1年三月］

それまで詩を持参してきましたが、この面接時に初めて絵を持参してきました（口絵図A：以下同様に、図B〜図Zまで口絵を参照のこと）。混沌とした暗い色調で、中央に胎児を思わせる存在が描かれているように感じられました。周囲の枠づけのような色彩が額縁のようで、これから生まれいずる生命体としての作品がキャンパスの中に描かれたようにも見えます。これ以降描画を持参することを勧め、作品を面接の中で見せてもらい、ハナエさんと筆者が簡単な感想を交わすという形式で自由画での描画療法が始まりました。この頃ハナエさんは反戦デモへ出かけたり、新たな愛人に捨てられて地下鉄で「私を安く買いなさいよ」と叫ぶなどの自虐的行動化がみられました。

［X＋1年五月］

「バレリーナの道具」という題で描いてきました（図B）。バレリーナを演じて他者（またはセラピスト）の注意を引きつけたいという自己愛的気持ちの表れなのでしょうか。しかしバレリーナは芸術作品を演じる洗練された踊り手という側面もありハナエさんの表現者としての模索が始まったとも考えられます。形態面では不鮮明で混沌としていて、心の中は依然として整理されずに混乱しているように感じられました。B医師の診察を受けに行ったところ「変わらず横向いて、無理だなと思った。すごい死にたくなったので薬飲みたくなったが皆に迷惑かけるからと街に出た」と述べました。自己否定が強いため、良いイメージの絵を描いていくことを勧めました。

［X＋1年五月］

翌週「きれいな絵を描きました」と持参（図C）。「一週間頓服飲んで眠って、少しいいかな」と述べました。切り絵を交えて輪郭も細部もはっきりせず、きれいな絵とは言い難いと思いましたが、ピンクを背景に使用し、クマのぬいぐるみという移行対象を描き、幼いハナエさんがようやく外側の世界へ一歩踏み出そうとする印象を受けました（移行対象とは、幼児が成長して母親以外の対象に興味が移っていく時期に、片時も離さずに持っている物で、毛布、まくら、ぬいぐるみ、布切れ、おもちゃなどを指します）。

［X＋1年五月］

「リルケの詩のバラ色のアジサイ」と説明しました（図D）。いままでの抽象画と異なり、初めて写実的な金魚の絵を描きました。そのほかの要素は水中であるはずの空間にバラやアジサイが描かれており、空間認識が混沌としているようでした。描きながら「小さい頃、母が割烹着を着てた。お母さんの着物柄を思い出した」と述べました。空気があるべきところが水中と重なって描かれています。ユングは「水は無意識を表すためにいちばんよく使われるシンボルである」と述べていますが、無意識の中に母親のイメージを想起したことで、ハナエさんの心の中での母親像が大きな意味をもつことが推測されました。

［X＋1年一二月］

「大パニックにはならなかったけど声出して泣いてました。（元夫のところへ）行くのカッコ悪いから電話して話をきいてもらった」とこの絵を差し出して話しました（図E）。不安な事があるとすぐに元夫に頼りそうになる自分を、なんとかコントロールしようと努力し始めたようでした。湖に映る森林を「水に映っているのが好き」と説明しました。水表現は意識と無意識、病相期と回復期の境に描かれることが多いテーマでもあります。

［X＋2年二月］

「やたら元気でしょ。さやえんどうの豆をデザイン、春っぽく」（図F）と説明しましたが、この頃は軽躁状態でした。その後男性とのトラブルを起こし、攻撃性、イライラ、情緒不安、過食が増悪したためにX＋2年六月から八月までW病院へ入院しました。入院中に、二〇歳代の頃口腔心身症でドクターショッピングをしたこと、すごく優しい歯科医にめぐり合い二年間かけて治したエピソードが語られました。また子どもの頃から母親がおかしかった、台所を食後二時間かけて掃除をしていた、さらにお風呂を一時間掃除していたこと。父親が会社をつぶして借金取りの応待にハナエさんを出させたこと。家族旅行へ行ったことがないなど幼少期からのトラウマを物語りました。筆者は描画内容とは直接関係がなくても、語られる内容を受けとめていきました。

この入院中の最後に攻撃性がおさまったことを感謝し、三日かけて「心からの贈り物」と題した絵を描きました（図G）。中央のリボンの箱の周りにバラや鳥が曼荼羅状に描かれていました。曼荼羅は心の世界の統合性を指し示すシンボルですが、筆者にはこの絵は曼荼羅のように感じられました。不思議なことにこの描画以降抽象的表現がほとんど描かれなくなり、より写実的な表現に変化していきました。

［X＋2年八月］

退院後再び外来に持参（図H）。「月が水に映っている、自分はなんであんなにひどいことばかりしていたんだろう」と語りました。月明かりの薄暗い光ですが、まるで鏡に映っている自分の内面を反省しているように感じられました。

［X＋2年九月］

人の絵は苦手というため擬人化でもいいと伝えたところ、人の代わりに童話の世界の動物を描いてきました（図I）。一般に対人関係が苦手な場合は人物画を描きたがりません。ハナエさんも同様でしたが、筆者の軽い勧めで自ら擬人画を描いてきました。面接の中で、夢で便器から女の人が出てきて「あなたをここまでにしたのは私だ」と語り、後ろに赤いドレスを着た四〇代ぐらいのお母さんが隠れていたことを話しました。画題としては決して表わさなくても、母親に対する強烈なイメージが夢の中で表出されました。まるでハナエさんの病気は母親のせいだと言っているようです。しかし本当の母親ではなくてハナエさんの母親イメージに隠された問題があるように感じました。

［X＋2年一〇月］

「アンティークドール」（図J）と題し、「私人間描けないから人形を描いた」と説明。そして次のように語りました。「母の面会へ行ったら小さくなってました。自分の価値観は詩を文芸雑誌に投稿することでした。その評価が自分の価値でした。それが違うような気がしました。大切なのは日常生活で、そのほうは全然失ってた。だから神経症になったり、愛人作ったり……争い止めようと思いました」。幼少時の母親との関係は語られませんが、人物画に向かい始めて急に洞察が深まってきたようでした。

［X＋2年一一～一二月］

「人は難しくって」と言いながら何回かにわたって描きかけの人物像を持参してきました。そしてようやく完成しました（図K）。「（少女が）中に入りたいの、誰かいるのかなって」。初めての人物画は幼い少女像でした。そして暖色系で色彩豊かに描かれていました。花が飾られた部屋の中に入ることは自分の心の中へ入り本当の自分と向き合おうとしているかのようでした。ハナエさんの実年齢と比べてかなり若い人物像で、退行表現といえるでしょう。しかしようやく自己と向き合い始め、心の成長をたどり始めた状況では当然といえる表現でしょう。

しかしその後も異性関係の悩みなどから不安感、過食、過量服薬傾向となり、X＋3年五月に一週間の入院をしました。またその後店頭での万引きなどの行動化もみられました。

［X＋3年七月］

「滝」を描いて持参し（図L）次のように述べました。「カルチャーで詩を酷評されて、形はいいが中身は空虚だと、家でシクシク泣いちゃった。振り切ったつもりが子どもの頃のつらい体験がいっぱい出てきた。九～一〇歳頃、父が借金取りの電話に出させ『お前の親父のせいで自殺した人がいるんだ、嘘つくんじゃない』と言われた」。そして苦しみに耐えること、変えられない過去をどう受け止めるのかというフランクルの一節を引用して自らに言い聞かせました。

［X＋3年一〇月］

「なんとなくこういうところに住みたい。クマのプーさんに出てくる男の子」と説明しました（図M）。小川にかかった橋で少年が戯れている。川に橋が渡されたことは、意識と無意識の領域に橋渡しされたことを象徴していますが、しかし渡るわけではなくて無意識や境界領域を表す水と戯れて、現実から離れた空想の世界を行きつ戻りつしているかのようでした。この頃、幼児や動物、ぬいぐるみなどの退行表現をよく描きました。

その後公営住宅が外れたことで不安感がつのり、元夫宅でリストカットをしてX＋4年四月～五月までW病院へ入院しました。

［X＋4年五月］

入院直後の描画作品です（図N）。「パニックになった。昼寝して目覚めたら頭の中が地獄みたいで、不安で元夫へ電話したら『悪いけど切ってくれない？』と言われました」。砂漠でバランスの悪いピエロのような人物が黒いものを背負って玉乗りしている。困難な状況の中で、自立と依存の葛藤を抱え何とか自己コントロールをとろうとしているハナエさんの状況がよく表れていました。

［X＋4年八月］

退院後再び外来セッションを続けました。「ハローワークへ行ったが女にいじめられるとかいろいろ考えて面接できませんでした。帰ってきて絵なら描けると思って」と作品をいつものように持参してきました（図O）。この頃より退行表現に交じり、大人の女性像が時折描かれるようになっていきました。「どうしていつまでも悲しいんだろう、心細いんだろう、もうこれを受け入れて生きなければならないのかなあ」と言葉を添えて描かれています。客観的に自己を見つめることができるようになりましたが、対人関係の過敏性、不安定性により、仕事をして自立することは困難でした。

［X＋5年二月］

題「少女」（図P）。「公営住宅へ引っ越しました。ケースワーカーさん優しいですよ、仕事ゆっくり探せばいいと言われました」。「一人で生きてゆくことをほんとうに覚悟して考えてる？？」と言語的表現が自分に言い聞かせるように添えられていました。

［X＋5年四月］

友達が二人文学賞をとった直後、選挙運動がうるさいから、とハナエさんはリストカットしました。ダメな人間で生きていても価値がないと述べました。元夫への依存性、イライラ感、不安感、浪費、過食傾向がまた増悪したためX＋5年四月～五月までW病院へ入院しました。入院して数日経ち病棟で落ち着いているのを確認した後、今度は主治医のほうからスケッチブックをハナエさんに手渡し、今では自発的に描けるようになったテーマ「人物」を描くように勧めました。その時のハナエさんがどのような人物画を描くのか知りたいと思ったからでした。次の面接時に「反抗的な思春期」と題し、文字通り思春期の少女像を描いて持参しました

（図Q）。ハナエさんは情緒不安定性パーソナリティ障害という診断があります。以前はボーダーライン人格障害と呼んでいました。このボーダーライン心性と思春期心性は多くの共通点をもちます。不安定な自己像（自己同一性障害）、対象への希求性と拒絶、両価的感情、衝動性の高さなどです。そしてこの表現はハナエさんの当時の自己像と思われました。しかし「反抗的」といっても描かれた少女は、むしろ思慮深そうな印象を受けました。

［X＋5年五月］

その後は課題画ではなく再び自由画を描いてもらいました。「泉の守護神」と題し、泉より立ち上ってくる女神を描いてきました（図R）。この描画を前にして「癒し。泉のそばに小屋を建てて住みたいな。考えていることが非現実的だから。だけどここでは人の話を一生懸命聞いていているとうち解けることが解った」と述べました。今までも時折「水表現」が見られましたが、まさに水表現の権化ともいうべき水から立ち現れた女神を描きました。しかも守護神として守ってくれる存在としてとらえているようでした。

［X＋5年五月］

何点かの描画の後「お母さんごめんね」と題して、初めて現実場面と思われる描画を描きました（図S）。「今母は入院中で手足が曲がっています。今まで憎んで散々悪口言ってきた」「午後眠って目が覚めたら不安になる。怖いんです。幼稚園の頃、目が覚めたら怖くて、母がいなくて怖いんです。眠っている間、五歳ぐらいに退行してしまう。それと同じ、今気がついた。その時母は買い物へ行っていた。お母さんがいれば不安じゃなかった」「二〇代の頃、不安も歯痛も五年かけて治した。すぐ治そうとしているけれど、ドクターショッピングしないで毎日お風呂に入り頑張って治していく」と語りました。悩まされ続けた不安の正体になんらかの気づきがもたらされたようでした。同時に初めて母親の存在が安心できるものとして回顧され、それまで話題には出てきたものの決して描かれたことがなかった母親像が描かれました。無意識の中に見え隠れしてきたさまざまな葛藤が、母親像の表出によって、安定的な対象関係の獲得へと導き始めたと考えられます。

このように創造的描画行為はその象徴性の獲得を通して治療的に作用することができるといえるでしょう。ハナエさんは程なくして退院しましたが、外来でも「絵は当分描く気がしないから、休みたい」と描画を持参してこなくなりました。これ以降、症状もリストカットなどの自傷行為や反社会的な行動化がすっかり見られなくなり、気分の波や不安感はあるものの一皮むけたような落ち着きが出てきました。

課題画の実践事例

筆者は精神科病院において集団描画（絵画）療法を行ってきましたが、そこでの課題画（テーマ描画）療法セッションを紹介します。集団描画療法の詳細については、『芸術療法2実践編』[5]、『アートセラピー[6]（講座サイコセラピー7）』などの書籍を参考にしてください。

事例は二〇歳代の統合失調症女性クライエントで、名前を仮に和子さんとします。

［主訴］

意味不明の言動が出現。

［生活歴、現病歴］

和子さんは生来几帳面で神経質、粘り強い性格でした。小中学校では成績も良く、希望通りの高校に進みましたが、高校二年生の時、同級生らの優秀さに挫折感をおぼえ、一〇日間程不登校をおこしたことがありました。高卒後二年間浪人し大学へ入学しましたが、一年後「校風が合わない」「授業がいや」と退学しました。その後、週一回の習字の習い事以外はほとんど外出せず徐々に生活のリズムが崩れていきました。X年の二月に姉が結婚し、父親は単身赴任のため、母親と二人暮らしになりました。六月に父親が一時帰宅した後に三日間母親と口をきかなくなり、その後も母親とのみコミュニケーションがとれなくなってしまいました。また「やっと道が開けた」「これが解けたからお茶をできる」など意味不明な言動が出現し、「ここどこ」と家人に尋ねるなどの支離滅裂な状態になったため、七月、叔父と母親に連れられ、S精神科病院を受診し、そのまま入院しました。

［入院後の経過］

入院時疎通性が悪く、独語がみられるなど混乱状態のため一日間行動制限（隔離拘束）されました。翌日三七度台の発熱がみられ、脳髄膜炎も疑い、髄液検査が行われましたが正常で脱水によるものと思われました。薬物療法が行われましたが、数日後「たむたむたむ」と大声を出し興奮状態となり、再び半日のみ行動制限（隔離）になりました。このような亜昏迷状態のためにＥＣＴ（電気けいれん療法）が六回施行され、やっと疎通性が出てきました。入院前のことを尋ねられ「空がすごく綺麗だったんです。こんな空見たことないというぐらい」「最後のほうは空中に人が、人っていうよりたくさんのバクテリアみたいなのが浮いてたんですよ。あー汚れちゃってるんだなあと思いました。今思うと変なことなんでしょうけど、その時はそう思ったんですよ」と述べました。

［描画療法セッション：第一回目］

しばらくして病棟内デイルームで行われているオープン形式の集団描画療法へ参加してきました。毎回決められたテーマに沿って作品を制作してもらうことになっていますが、その日のテーマは描画ではなくて「コラージュ」でした。和子さんは指示されたとおりに他の参加者とともに雑誌を切り抜き、丁寧に画用紙に並べて糊づけしました（図T）。まだ病状は落ち着いているわけではありませんでしたが、比較的整然と作品を仕上げました。コラージュは構成性が高く、統合失調症のクライエントにとっても比較的制作可能なテーマです。作品は旅行雑誌の写真から構成され、中央上部より聖母子像、ダビデ像、ヴィーナスの誕生とアイデンティティの要求する基本的題材が選ばれたようでした。シェアリングでは言葉数少なく作品をみせたのみでしたが、セラピストは「よくできましたね」と言葉をかけました。

数日後、「恐ろしい事が起きる」と言ったり、ベッド上で手を叩いたり、手で小さく丸を描くなど再び混乱状態を呈し、一晩行動制限（隔離）されました。その後やや落ち着いてきましたが予定されていた外泊は中止になりました。

［描画療法セッション：第二回目］

和子さんは再び自発的に参加してきました。他の参加者に交じり「人物」のテーマで描きました（**図U**）。しかしテーマであるはずの人物像は描かれずに、筆圧が薄くよく見ないとわからないぐらいうっすらとカエルのような輪郭を中央に描きました。尋ねると「全然絵になっていません。薄くしかかけません」と述べました。まだ集団描画療法へ参加するには早すぎたようでした。セラピストはその場で和子さんの作品に黄色のクレヨンで枠を描きました。枠の持つ保護作用を期待したためでしたが、実際このタイミングで、しかも描かれた後に枠をつけても保護作用は乏しいといわざるを得ません。

描画後のシェアリングでは、自己の作品を説明して中央のカエルに見える部分を「チャラ」、右上の青い部分を「月」と説明しました。「チャラ」は和子さんが飼っていたセキセイインコの名前ですでに亡くなっていました。人物のテーマで人物像を描けないことは対人接触の問題が隠れていることを意味しますが、和子さんの場合は自己の意識と描かれた対象とが関連性を失っており、このことは描画そのものの象徴機能が根底から障害されていたことが考えられます。つまり和子さんはこの時点においては依然として統合失調症の急性期状態であった可能性が高いと考えられます（一般に統合失調症の急性期状態の時は描画療法は禁忌になります。その後の臨界期、回復期からは適応です）。

このようにオープングループのセッションは、状態の悪いクライエントをこちらから呼び入れることはないにしても、積極的に参加してくる者は基本的に自由に参加できる構造になっています。その場合一見して状態が悪いクライエントは「まだあなたは許可がでていません」などと参加を差し止めることが必要ですが、和子さんのように表面上穏やかなクライエントはその判断が難しいものです。その場合は寄り添うように注意深く接し、必要に応じた介入も留意すべきでしょう。

数日後和子さんは拒食、拒薬し、トイレに閉じこもり、茶道部の友達と話をしていたと言って泣いたりするなど状態が悪化したため、再びECTが施行されました。この時の三回目のECT後より三九度台の発熱、肝機能障害が出現したため、ECTはその後中止されました。数日で解熱し、再び病的体験も軽減してきて受け答えがしっかりしてきました。

〔描画療法セッション：第三回目〕

しばらくして再び参加してきました（図V）。「木」のテーマでしたが、自室に姉が見舞いに持ってきた花籠を取りに行って、中央にそのお花の籠を描き、右側に花についていたリボン、左側に飼っていたセキセイインコを描きました。前回のセッションで説明した「チャラ」を描いたようでした。今回ははっきりとセキセイインコを描くことができました。つまりこの短期間に和子さんの障害されていた象徴機能が回復され、病状も急性期より臨界期へ達したことが予測されました。臨界期はさまざまな身体的症状や副作用を生じやすい時期ですが、ＥＣＴ後の発熱と肝機能障害がそれにあたると思われました。今回描かれたアイテムに関連して、姉の存在と「チャラ」の存在が和子さんにとっては移行対象（幼児が母親から徐々に他の対象へ興味を移していく過程で、常に携えるように持ち歩くタオルケットや人形、おもちゃなどの対象物のこと。和子さんのような病的退行状態からの回復過程においても類似の心理的状況が観察されます）として機能し、安心感を与える存在であったことが推測されました。シェアリングで「どうでしたか」と感想を問うと、「今日は上手く描けました」と答えました。

翌日、主治医との面接では「普通になりました。変な言い方ですけど」と落ち着いて述べました。また入院前のことを尋ねられると次のように答えました。「入院前は辛かったです。ルーブル美術展へ行ったんですが、絵を見ても絵の意味が不思議なほどわかってしまうんです。だから一枚の絵にすごく時間がかかって。今はそんなことできないですね」。けれどもまだ独り言などの症状が観察されました。

［描画療法セッション：第四回目］

「山・道・家」の課題画（図Ｗ）。今回も自分でテレホンカードを持参して、中央にその図柄の草原の一軒家を模写し、さらにテーマに沿うように鉛筆書きで山と道を書き加えました。シェアリングではあまり多くは語りませんでした。いつも必ず何かテーマに沿うものを持ち込み、それを模写して何かを描きこむというパターンでしたが、この時期の和子さんにとって模写することは、自己そのものを模索し取り戻そうとしている行為のように思われました。セラピストは和子さんの心境を推し測りつつ、あまり多くは問わずに誠実に受けとめるよう努めました。

［描画療法セッション：第五回目］

「マルと家族」の課題画（図X）。このテーマは難しかったようで、自分の手を模写し、その右側に一見子宮を連想させるような空洞の楕円を描き、内部を赤や緑で塗り、接点に小さな茶色の円を描きました。発病時に母親と会話しないという奇異な行動がみられましたが、家族に対する何らかの葛藤の存在が推測されました。シェアリングではやはり多くを語りませんでした。

この頃、「気分が安定しないんです」「他の人のことがわかるんです」と述べました。またニキビが顔面に多く認められました。この後、抗精神病薬の変更が行われ、ようやく不自然な言動が治まってきました。

[描画療法セッション：第六回目]

この日のセッションは八月下旬でしたので「夏の思い出」という即興的なテーマで描いてもらいました。いつものように自室から今度は暑中見舞いの官製はがきを取りに行き、その図柄を模写しました（図Y）。ほぼ実物大に模写したので画用紙の右に描きましたが、上手に朝顔の図柄を描きました。シェアリングでは「カモメールを模写しました」と述べました。いつものようにセラピストはそれを受け入れ、「繊細に、美しく描けましたね」と感想を伝えました。その後ようやく笑顔などが見られるようになりました。ただ目が疲れるとの訴えがありました。

[描画療法セッション：第七回目]

再び「人物」の課題画（図Z）です。今度は自分の写っている写真を持参して、丁寧に模写しました。シェアリングではこの写真は姉の結婚式で写したと述べました。第二回目のテーマも人物でしたが、その時の描画は、人物像はおろか、自己の意図したものが描けないという、自己同一性の危機的状況でした。しかしその後のセッションでは一貫して自己を模索し再構築していくかのように、テーマに沿うようなアイテムを持ち込んで模写するという行動がみられました。そしてようやくここで自己像を、やや筆圧は薄いものの、描くことができました。この時点でようやく急性期、臨界期を抜けて回復期（寛解期）的な描画表現を描くことができるようになりました。セラピストはこの作品に接して感慨深いものがあり、「よく描けましたね。この写真の和子さんは好きですか」と問うと、「はい」と満足げに答えました。

数回の外泊の後、程なくして和子さんは退院していきました。

描画の流れをみると、急性期の混乱した自我崩壊の危機さえ感じられる描画表現が、臨界期には移行対象的な安心感を与えるアイテムを経て、模写することにより現実的事物をテーマに統合しながら、ようやく自己像を描画表現の中に確認するという、自己再発見のプロセスがみてとれます。セラピストはこの描画内容の展開をいかに自然に導いていくかがたいへん重要になります。そのためには、病気の進展具合を描画表現の推移を通して理解すること、そしてそれを安心して表出できる場を提供すること、そのためにはクライエントの添え木として（またはホールディングする者として）の寄り添う気持ちが大切といえるでしょう。

文献

（1）岩井寛・田久保栄治・金森浦子・藤田雅子・五島しづ・森田孝子（一九七八）マルと家族1：全体精神療法の一技法『芸術療法』第九巻、七〜一五頁
（2）C・コッホ／林勝造・国吉政一・一谷彊（訳）（一九八八）『バウム・テスト：樹木画による人格診断法』日

本文化科学社
（3）高橋雅春・高橋依子（二〇一〇）『樹木画テスト』北大路書房
（4）K・ボーランダー／高橋依子（訳）（一九九九）『樹木画によるパーソナリティの理解』ナカニシヤ出版
（5）徳田良仁・大森健一・飯森眞喜雄・中井久夫・山中康裕（一九九八）『芸術療法2　実践編』三六～四五頁　岩崎学術出版社
（6）徳田良仁・村井靖児（編）（一九八八）『アートセラピー（講座サイコセラピー7）』二七～四四頁　日本文化科学社

あとがき

数年前に新曜社の編集者である森光さんから描画療法の本を書いてくださいとのお話を伺った時に、ぱっと脳裏に浮かんだのは、赤い金魚でした。それは当時日本芸術療法学会で発表された精神科医の三根芳明先生の事例です。そこで三根先生にお話をしたところすぐに快諾を得ました。それが本書第Ⅳ部「描画療法の実践」に掲載されている事例です。三根先生のおかげで精神科領域での描画療法の実際が把握でき、心理臨床家や精神科領域の方にも具体的な指針として大いに役立つことでしょう。

第Ⅲ部の「描画療法の研究」については、投映描画法テストバッテリー（星と波描画テスト・ワルテッグ描画テスト・バウムテスト）で共同発表や共同執筆をしている茨城大学大学院の金丸隆太先生にお願いしました。特に描画療法の研究をする学生や大学院生、描画研究者への指針として大いに役立つことでしょう。

私は第Ⅰ部の「描画療法とは」と第Ⅱ部の「描画療法の基礎知識」、そして第Ⅳ部の冒頭の数ページを担当しました。私は大学の教員を退職後、アーツセラピー研究所で、芸術療法の臨床・教育・研究活動をしています。臨床経験は一九六八年からの早稲田大学の学生相談を皮切りに、日本医科大学では小児科の子どもの相談と学生相談を中心に行ってきました。もともと絵が好きで中高大時代は美術部におりました。心理臨床の世界に入った当時は、あえて美術を仕事にしたくないと近寄らずにいたのですが、早稲田大学で附属や系列の中・高校生の不登校の事例に活用すべく箱庭療法を勉強したことがきっかけで、芸術療法の世界に足を踏み入れました。かれこれ半世紀近くになりますが、今では芸術（表現）療法などの世界にどっぷりと浸っています。今回は私の臨床に基づいた記述をと心がけ事例を交えながら書き進めました。図らずも私のこれまでの臨床のまとめとなり、臨床での私の奥の手を盛り込んだものになりました。少しでも参考になれば幸いです。

最後につくづく私はクライエントさんに育てられてきたと、またクライエントさんこそが我々臨床家の導き手であると思いました。すべてクライエントさんに心から感謝申し上げます。

二〇一八年八月　執筆者を代表して

杉浦京子

人名索引

事項索引

◆あ　行

◆か　行

◆さ　行

◆た　行

◆な　行

◆は　行

◆ま　行

◆や　行

◆ら・わ　行

執筆者紹介

杉浦京子（すぎうら　きょうこ）

［第Ⅰ部、第Ⅱ部、第Ⅳ部 107 ～ 109 頁］

アーツセラピー研究所所長。臨床心理士。

早稲田大学教育学部教育学科教育心理専修卒業。筑波大学大学院教育研究科カウンセリングコース修了。同大学院医学部生命システム医学専攻満期退学。日本医科大学準教授、東京福祉大学教授、日本芸術療法学会評議員などを歴任。

著書は『臨床心理学講義』（朱鷺書房)、『投映描画法ガイドブック』（共著、山王出版)、『投映描画法テストバッテリー』（共著、川島書店)、『コラージュ療法』（共編、至文堂)、『星と波描画テストの発展』（監訳、川島書店）など。

金丸隆太（かねまる　りゅうた）

［第Ⅲ部］

茨城大学大学院教育学研究科准教授。臨床心理士。

早稲田大学第一文学部哲学科心理学専修卒業。早稲田大学大学院文学研究科心理学専攻修士課程修了。筑波大学大学院人間総合科学研究科生命システム医学専攻満期退学。茨城県スクールカウンセラー兼任。

著書は『投映描画法テストバッテリー』（共著、川島書店)、『発達障害児者の防災ハンドブック』（共編、クリエイツかもがわ)、『質的心理学研究法入門』（共訳、新曜社)、『臨床面接のすすめ方』（共訳、日本評論社）など。

三根芳明（みね　よしあき）

［第Ⅳ部 106 ～ 107、109 ～ 141 頁］

医療法人社団明和会西八王子病院院長。日本医師会認定産業医、日本精神神経学会専門医、日本芸術療法学会認定芸術療法士。

聖マリアンナ医科大学卒業。聖マリアンナ医科大学非常勤講師兼任。

著書は『絵画療法Ⅱ』（共著、岩崎学術出版社)、『老年期精神疾患治療のためのストラテジー』（共著、ワールドプランニング)、『こころの病からの職場復帰』（共著、至文堂）など。

スタディ＆プラクティス
はじめての描画療法

初版第1刷発行　2018年9月8日

編　者　杉浦京子・金丸隆太
発行者　塩浦　暲
発行所　株式会社　新曜社
101-0051　東京都千代田区神田神保町3－9
電話 (03)3264-4973(代)・FAX (03)3239-2958
e-mail : info@shin-yo-sha.co.jp
URL : http://www.shin-yo-sha.co.jp
組版所　Katzen House
印　刷　星野精版印刷
製　本　イマヰ製本所

 ISBN978-4-7885-1594-9 C1011